贝页
ENRICH YOUR LIFE

大 转 型 之 前

从亚当·斯密到阿尔弗雷德·马歇尔

［英］卡勒姆·威廉斯（Callum Williams） 著
黄延峰 译

文汇出版社

图书在版编目（CIP）数据

大转型之前：从亚当·斯密到阿尔弗雷德·马歇尔 /（英）卡勒姆·威廉斯（Callum Williams）著；黄延峰译. —上海：文汇出版社，2023.2

ISBN 978-7-5496-3896-3

Ⅰ.①大… Ⅱ.①卡… ②黄… Ⅲ.①古典经济学—研究 Ⅳ.① F091.33

中国版本图书馆 CIP 数据核字 (2022) 第 185012 号

Copyright © The Economist Newspaper Ltd, 2020
Text copyright © Callum Williams, 2020
本书简体中文版专有翻译出版权由 Profile Books Limited. 通过安德鲁·纳伯格联合国际有限公司授予上海阅薇图书有限公司。未经许可，不得以任何手段或形式复制或抄袭本书内简。
上海市版权局著作权合同登记号：图字 09-2022-0819 号

大转型之前：从亚当·斯密到阿尔弗雷德·马歇尔

作　　者	［英］卡勒姆·威廉斯
译　　者	黄延峰
责任编辑	戴　铮
封面设计	王媢设计工作室
版式设计	汤惟惟
出版发行	文匯出版社
	上海市威海路 755 号
	（邮政编码：200041）
印刷装订	上海普顺印刷包装有限公司
版　　次	2023 年 2 月第 1 版
印　　次	2023 年 2 月第 1 次印刷
开　　本	889 毫米 ×1230 毫米　1/32
字　　数	192 千字
印　　张	8.25
书　　号	ISBN 978-7-5496-3896-3
定　　价	68.00 元

献给莎丽妮

目 录

引　言：启人心智的大师　　　　　　　　　　　　　　　　　　I

1　让 – 巴蒂斯特·科尔贝　Jean-Baptiste Colbert　1619—1683　　1
　　替罪羊

2　威廉·配第爵士　Sir William Petty　1623—1687　　10
　　经济学的创立者

3　伯纳德·曼德维尔　Bernard Mandeville　1670—1733　　22
　　18 世纪的米尔顿·弗里德曼

4　理查德·坎蒂隆　Richard Cantillon　1680—1734　　29
　　伪造自己死亡的经济学家

5　弗朗索瓦·魁奈　François Quesnay　1694—1774　　38
　　自由放任主义的源起

6　大卫·休谟　David Hume　1711—1776　　49
　　为什么重商主义是错误的？

7　亚当·斯密　Adam Smith　1723—1790　　58
　　伟大和错误的观念

8　尼古拉·孔多塞　Nicolas de Condorcet　1743—1794　　83
　　法国的亚当·斯密

9　大卫·李嘉图　David Ricardo　1772—1823　　94
　　《谷物法》的深远影响

10 让-巴蒂斯特·萨伊　Jean-Baptiste Say　1767—1832　111
约翰·梅纳德·凯恩斯假想的对手

11 托马斯·罗伯特·马尔萨斯　Thomas Robert Malthus　1766—1834　122
憎恶穷人的悲观的傻瓜？

12 西蒙·西斯蒙第　Simonde de Sismondi　1773—1842　136
资本主义的良心

13 约翰·斯图尔特·穆勒　John Stuart Mill　1806—1873　147
极端的资本主义拥护者还是社会主义者？

14 哈丽雅特·马蒂诺　Harriet Martineau　1802—1876　162
维多利亚时代的安·兰德

15 威廉·斯坦利·杰文斯　William Stanley Jevons　1835—1882　173
政治经济学与经济学的区别

16 达达拜·瑙罗吉　Dadabhai Naoroji　1825—1917　187
指出房间里的大象

17 罗莎·卢森堡　Rosa Luxemburg　1871—1919　196
质疑马克思的女人

18 阿尔弗雷德·马歇尔　Alfred Marshall　1842—1924　205
一个乐观的结局

注　释　220

致　谢　233

参考文献　235

引 言

启人心智的大师

经济学的开创者持有什么观点？为何如此主张？又错在哪里？

不论是阅读内容严肃的报纸，观看历史纪录片，还是出席公共演讲，你经常会读到、看到或听到经济学的开创者被提及。把他们中的某一位抬出来，倚重其权威，依然是一种很管用的策略。还有什么比声称亚当·斯密（Adam Smith）、约翰·斯图尔特·穆勒（John Stuart Mill）或大卫·李嘉图（David Ricardo）持同样的立场更能支持自己的论点呢？

英国《金融时报》告诉我们："人们正在忽视亚当·斯密资本主义愿景背后的核心理念"，"我们如果打算革新现代金融业已确立的不透明的排他体系"，需要重新钻研斯密的著作。《华尔街日报》的一篇文章在讨论校园言论自由时，援引了约翰·斯图尔特·穆勒的观点。该文章意在指出大学校园应该能够让学生接触到他们不喜欢的观点，而穆勒本应对这种环境表示赞成的。毕竟，穆勒曾写道："只知道（某事物）己方的立场，可谓对此事物知之甚少。"2016—

2019年英国国际贸易大臣利亚姆·福克斯（Liam Fox）组织了一次活动，以"庆祝李嘉图比较优势理论诞生200周年"。他认为英国脱欧更好，因为如此一来，英国就可以开展自己的自由贸易了，而比较优势理论正是他这一观点的思想基础。

至于现代金融的衍生品、期货和期权，斯密对它们自然毫无概念。李嘉图的比较优势理论所描述的国际经济与当今的国际经济在环境上差异巨大。但这一点儿也不重要。一个人如果能让自己的观点看上去已经得到或会得到某位思想家的支持，无论它有多么晦涩难懂，都变得更有分量。

因此，更充分地理解这些经济学家真正想说的是什么成为必要。亚当·斯密的"看不见的手"是何含义？约翰·斯图尔特·穆勒是功利主义者吗？托马斯·马尔萨斯（Thomas Malthus）是否认为饥荒对世界有利？

本书要讨论的就是经济学开创者的真实想法。为此，我们需要揭穿一些流行的迷思。笔者会用简单的语言来解释他们思想的意义所在——自始至终，书中没有方程式，但愿也没有专业术语。读完本书，你会了解一些经济学家的趣事。他们当中的一些人非常著名，如斯密、马尔萨斯和穆勒，有些则不是很出名，如哈丽雅特·马蒂诺（Harriet Martineau）、伯纳德·曼德维尔（Bernard Mandeville）和达达拜·瑙罗吉（Dadabhai Naoroji）。

但本书要讲的远不止这些。人们常把亚当·斯密的理论视为天赐之作。然而，仔细观察就会发现，政治经济学家显然受到了当时经济、社会和政治条件的影响。若对当时法国的农业状况缺乏基本的了解，你就无法理解18世纪法国著名的"重农学派"的经济学著作。大卫·休谟（David Hvme）和亚当·斯密是最好的朋友，也可能是知心爱人，然而，斯密对休谟的著作几乎视而不见，原因何在？若对《谷物法》一无所知，也就无从理解李嘉图理论的意义。一旦对威廉·戈德温（William Godwin）和玛丽·沃斯通克拉夫特（Mary Wollstonecraft）的夫妻生活有所了解，便能更好地理解托马斯·马尔萨斯的观点。随着越来越多高质量的历史经济数据的发布，将政治经济学家置于适当的背景下研究变得越来越容易。[1]笔者的目标是对这些思想家的著作、所产生的影响及其贡献的价值加以评估，但难免以管窥天。本书所述远非是对这些人所下的最终结论，而是理解他们本意的一个有效途径。

为什么是这18位思想家？选择这样一个名单有一定的随机性。还有很多知名人士没被列入其中，比如布阿吉尔贝尔（Boisguilbert）、莱昂·瓦尔拉（Léon Walras）等。笔者将选择的时间限制为回溯约300年。每章介绍一人，各章按人物的去世年份排序，最年长的思想家是1619年出生的让-巴蒂斯特·科尔贝（Jean-Baptiste Colbert），他是路易十四的经济顾问；最后一位去世的是阿尔弗雷德·马歇尔（Alfred Marshall），他于1924年离世。

开端

笔者在本书设法回答有关这18个人的基本问题，这些问题都是历史学家难得费心询问的。第一个问题是：为什么经济学诞生于1600年至1900年间？当然，在此之前，人们肯定也会思考经济问题，但不是以今天理解经济学的方式思考的。1901年，汉娜·休厄尔（Hannah Sewall）指出："跟大多数古代人一样，古希腊人对影响财富分配现象的理性法则没有概念。"[2]他们对责任与高贵、对与错等问题更感兴趣,"而非了解所有活动的最终关系"。从广义上讲,直到1600年左右人们才开始这么想。休厄尔解释说:"经济活动从属于政治利益和审美趣味,因此,研究经济问题是次要的,解决伦理学问题和法学问题更为重要。"

在经济价值问题上,中世纪的思想家更感兴趣的是价值"应该是什么",而非价值"是什么"——"价值是什么"是亚当·斯密和大卫·李嘉图等早期经济学家关注的问题。托马斯·阿奎那(Thomas Aquinas)论述过"公平价格"的概念,它触及"商店在下雨时提高雨伞的价格是否合法"等背后的道德问题。

为什么当时的人们对经济学有不同的看法?因为,对于大多数人来说,市场并不是日常生活的重要组成部分。[3] 毕竟,封建制度更依赖忠诚和强制性,而非价格信号。汉娜·休厄尔认为:"即使到了15世纪中叶,大部分人仍然靠邻居直接提供的个人服务来满足自己大部分的日常需求,社会阶层较低的人尤其如此。"以盈利为目的进行资本投资的机会少之又少。而且,若讲得再宽泛些,中世纪社会更关心君主和教会的福利,而不是普通人的福利。随之而来的是,人们很少考虑如何公平有效地分配稀缺资源。

另外,从最早有记载的历史开始,直到17世纪前后,世界各地的富裕程度大致相当。英国经济学家安格斯·麦迪森(Angus Maddison)提供的国内生产总值(GDP)历史数据最为权威。这些数据表明,公元1000年时人均GDP最高的国家(伊朗和伊拉克并列第一)仅比有数据可查的世界最穷的国家(丹麦、芬兰、挪威、瑞典和英国均排在最后)的人均GDP高出50%左右。

1600年前后,经济学作为一门条理清晰的学科崭露头角。随着封建制度的衰落,市场的影响力越来越大,阐释其运作原理的需求变得迫切。世界从此迈入历史学家所谓的"大分流"（the great divergence）时期。[4] 到了1900年，西欧和美国比其他任何地方都富裕得多。就在那一年，世界上最富裕的国家——英国，其富裕程度是中国的8倍多。人们不得不解释这到底是怎么一回事。1817年，托马斯·马尔萨斯在给大卫·李嘉图的信中写道："国家之贫富是政治经济学研究的首要目的。"

从理论上思考国家贫富这种事多数发生在英国和荷兰。在17和18世纪，两国竞相成为世界上最富有的国家。法国也有很多经济思想家。当时的法国相对富裕，但远不及英国。法国最聪明的人都想竭力弄清楚到底是哪里出了问题。你可能已经注意到了，美国人对本书没有贡献。这一点似乎令人惊讶，要知道，当今的美国既主宰着全球经济，在学院经济学领域也是执牛耳者。但是，约瑟夫·熊彼特（Joseph Schumpeter）说过："19世纪前，没有任何有关美国的系统性记录。对此，我们应该预见到的，这是一个不太可能对统一的理论产生需求或供给的环境。"即使到了19世纪，美国也没有出现很多经济学家。即使是亨利·乔治（Henry George）这样的美国经济学家，往往也是借鉴欧洲古典经济学家的观点。1958年，保罗·萨缪尔森（Paul Samuelson）的著名教科书《经济学》（*Economrcs*）再版，即便那时，在其刚开始推介的"经济学家谱"中也看不到美国人的名字。直到20世纪，美国经济学家才开始主导整个学科。[5]

延续

为什么本书取名"classical school"？诚然，本书介绍的这些经济学家对世界是如何运转的看法迥异，但在某些重要的方面，他们编织出一个合乎逻辑的思想体系。大约从1600年到1900年，古典学派经济学家会问自己一些常见的问题：市场是如何运转的？什么是价值？为什么有些国家异常富裕，而有些国家似乎注定永远贫穷？

对于这些前所未有的历史趋势，他们往往会给出相似的解释。国际贸易的利或弊是一个重要的论题。其他人则专注于政府在经济中应该发挥多大作用的问题。与此同时，很多人忧心于伴随资本主义和经济增长而来的精神和思想的退化。[6]

古典学派经济学家的成员在方法论上也是一致的。他们很少用复杂的数学阐释自己的理论，也不常用经验数据严格地检验自己的理论。与其说他们是严谨的科学家，不如说他们是哲学家。本书之所以结束于阿尔弗雷德·马歇尔，很大程度上是因为在其著作中，你会发现他突破了经典的研究方式，喜欢用方程式，并探索使用经验数据来检验自己的理论。在马歇尔之后，相继出现了约翰·梅纳德·凯恩斯（John Maynard Keynes）、保罗·萨缪尔森、米尔顿·弗里德曼（Milton Friedman）等经济学家，现代经济学由此兴起。

有些经济思想史读起来更像是美化主角的传记，而不是批判性的观察。但笔者要说明的是，本书所评述的人物大都在理论方面存在重大失误。历史学家一般都会告诫，不要用后见之明评判过去的人，我们现在看来似乎不合理或显而易见的在当时可能非常合理或是深刻的见解。尽管如此，在做研究和撰写本书的过程中，笔者经常为书中18位古典经济学家提出某些观点时表现出来的短视和荒唐感到困扰。

笔者也会设法谈及那些成就巨大但被遗忘的人。哈丽雅特·马蒂诺对其写作时期的社会影响很大。她的书有时比查尔斯·狄更斯的书卖得都好，这本身就是一个了不起的成就；考虑到她写的还是经济学方面的书，就更不得了了。与此同时，罗莎·卢森堡（Rosa

Luxemburg）是她那个时代最具争议的思想家，她做了马克思主义者很少敢做的事：质疑马克思。凭借自己的实力，达达拜·瑙罗吉成为一个令人着迷的人物，他是英国第一位亚裔议员，也是系统思考殖民主义经济影响的第一人。

在本书中，笔者设法把思想家们联系在一起（这是最困难的事，但也最有趣）。本书涉及的人物关系相当密切。马尔萨斯和李嘉图是最好的朋友。李嘉图一直期待着与让－巴蒂斯特·萨伊（Jean-Baptiste Say）见面，但最终热情不再，不了了之。哈丽雅特·马蒂诺似乎非常了解每一个人。

即使彼此不认识，此18人也会不断地彼此评判、相互批评。1776年，亚当·斯密写出《国富论》（*Weath of Nations*），反对1661—1683年担任法国财政部长的让－巴蒂斯特·科尔贝的"重商制度"。穆勒起初盲目拥护李嘉图，后来却拒绝接受他发表的作品。本书介绍的最后一位经济学家阿尔弗雷德·马歇尔经常提到最早的经济学家之一威廉·配第（William Petty）爵士。因此，最好将本书视为一个连贯的整体来读。尽管这么说，你肯定还是会逐章翻阅。至少，读完本书后，你对大众媒体大量引用的经济学开创者的话能有更好的理解。讲一讲这些人的趣事比以往任何时候更有用，它可以帮助我们辨明媒体对权威的滥用。笔者也希望读者朋友对经济学是如何诞生的有一个全新的认识：一系列的思想、发展和事件引导我们走到了今天；但无论好坏，这门学科的开创者都受到了圣人般的对待。本书竭诚客观公正地比较和看待这些思想的奠基人，囿于时代所限，他们难免犯错，但时至今日，他们的思想仍在告诫我们——不要犯错。

1

让-巴蒂斯特·科尔贝
Jean-Baptiste Colbert 1619—1683

替罪羊

在经济学界,"重商主义(merchantilism)"从来都不是一个好词,它隐含的思想属于前现代的和非理性的,而且缺乏数学的支持。有经济学家嘲笑美国前总统唐纳德·特朗普几乎所有的贸易政策,并称其为重商主义政策,应被摒弃。18和19世纪,大多数政治经济学家都将自己归至反重商主义阵营。亚当·斯密在其著作《国富论》中首次提出了"重商主义(mercantile system)"一词,并把它当成抨击的对象[1]。从斯密开始,只有"反对"重商主义才会受到尊敬。不过,很少有人真正费心去了解重商主义者说的是什么,甚至不会了解他们是谁。当然,很多重商主义者不乏愚蠢的想法,但并非全都愚蠢。

乔赛亚·蔡尔德(Josiah Child,1630/1631—1699)和托马斯·芒(Thomas Mun,1571—1641)是英国最著名的重商主义者,但更广为人知的当数让-巴蒂斯特·科尔贝。1661年至1683年,他担任法国财政部长,那是"太阳王"路易十四执政时期(1643—1715)。只需了解一下科尔贝的生活,读者就会全面了解重商主义思想在实践中是如何发挥作用的。

时至今日,科尔贝最让人铭记不忘的或许是他那句关于税收的妙语:"征税的技巧类似于鹅过拔毛——尽可能拔最多的鹅毛,但要尽可能少地听到鹅叫。"这句话深受媒体人的喜爱。但科尔贝的经济理论大致也就止步于此了。尽管根据《图书馆与文化》(Libraries & Culture)杂志 1991 年某期的记载,科尔贝的图书馆收藏了 23 000 本书,但他从未写过书,也没有发表过任何演讲。约翰·克拉彭(John Clapham)爵士或许是他那个时代最受尊敬的经济史学家,他指出,科尔贝"没有任何独到的见解"。那为什么科尔贝还如此重要呢?因为他把重商主义思想付诸实践,理解了他也就理解了重商主义的思想体系。唐纳德·科尔曼(Donald Coleman)认为:"科尔贝可能是有史以来唯一真正的'重商主义者'。"

1619 年,让-巴蒂斯特·科尔贝出生于兰斯(Reims),此地现在是法国的香槟酒业中心。与本书将介绍的大多数经济学家不同,他的学术生涯并不精彩,生活也不富裕。但在法国的官僚机构中,他确实拥有相当不错的人际关系。20 岁之前,科尔贝就在军事部门谋到了一份差事。从 1645 年到 1651 年,他给某位负责军事事务的官员当助手。不久,他就为路易十四当差了。

科尔贝并不是大家公认的特别高尚的人。1737 年,异装者阿贝·舒瓦西(Abbé de Choisy)出版了一本回忆录,称科尔贝"天生愁眉苦脸"。为了赢得上司的青睐,科尔贝会像他们中最擅长的人那样拍马屁,比如为路易十四的情妇买珠宝。[2] 克拉彭用非常幼稚的方式称科尔贝为"大笨蛋"。围绕着科尔贝,谣言和阴谋四起。根据阿贝的回忆录，科尔贝"表现出完全被弗朗索瓦丝·戈代（Francoise de Godet）的魅力所征服的样子"，因为戈代的"身材很好"，他还"十分关照让·夸菲耶（Jean Coiffier）的妻子玛格丽特·瓦内尔（Marguerite Vanel）"。在英国广播公司制作的历史剧《凡尔赛》（*Versailles*）中，科尔贝是一个重要人物，该剧以生动的细节描述了路易十四宫廷肮脏的风流韵事。

路易十四的统治留给后人的普遍印象是毫无效率、颓废。法国是腐败和落后的。路易十四政府的无能引发了几十年后的法国大革命，而科尔贝就置身于这场暴风雨的中心。安格斯·麦迪逊数据库的数据显示，17世纪，法国人均GDP年均增长率仅为0.08%，而同一时期荷兰人均GDP年均增长率为0.43%。[3] 但是，据布阿吉尔贝尔（Pierre le Pesant，1646—1714）的计算，1665年至1695年（更接近于科尔贝实际掌权期间），法国的国民收入惊人地下降了50%。[4] 科尔贝离任后，18世纪的法国经济明显提速。赞同重商主义逻辑的政治家可以看看在科尔贝的指导下，法国发生了什么事情。

让法国再次伟大

科尔贝的政策最能体现重商主义的经济学说，其核心概念是重金主义（bullionism）。这相当于痴迷于贸易平衡，更具体地说，是对贸易顺差的痴迷，而所谓顺差就是出口超过进口。重金主义者优先考虑的是金银的积累高于一切，而用行话来说，金银指的就是"铸币"。出口让货物离开本国，铸币随之流进本国；进口的结果正好相反。因此，一个国家如果出口超过进口，它看到的就是金银的净流入。

不难理解重金主义为什么是一个如此诱人的概念。铸币可以用作价值尺度,可以囤积。它看起来也让人愉快。在许多人的心目中,金银就是财富。相反,商品和服务的消费意味着货币的消失。如果你用钱买了一个苹果,然后吃了它,你的钱没了,苹果也没了。

尽可能地多积累金银需要特朗普式的贸易政策,即对进口征收关税(目的是减少进口),同时实行出口补贴或发放"出口奖励金"(目的是增加出口)。随着铸币从国外流入,接受国必定变得更加富裕,而争论就此展开:重商主义者赞成国际经济的"零和"概念——若一国变得富有,必然有一国变得更穷。毕竟,可以流转的黄金和白银就这么多。⁵

重商主义理论凭直觉即可理解,以至于今天它仍然大行其道。不仅是特朗普,一大批英国脱欧的支持者也认为贸易赤字(进口超过出口)本质上是一件坏事。贸易逆差似乎代表金钱从本国"漏出";相比之下,出口顺差天生有利。

当代经济学家很少有人同意这种世界观。经济活动的最终目的是消费。如果出口意味着努力工作以生产外国人可以享用的东西,那么进口则相反。按照这种逻辑,进口超过出口才是好事。⁶再说了,我们所关心的应该是金银(或金钱)的使用权,而不是金银本身。进口也可以提高生产率。理论上,一个国家可以无限期地保持贸易逆差,而不会产生不良影响。贸易逆差通常与强劲而非疲软的经济增长有关。

尽管如此,在17世纪,人们普遍认为贸易顺差是件好事。约瑟夫·熊彼特称"它生动地说明了人类的思维方式,以至于约翰·洛克(John Locke)都认同重商主义的观点"。[1]另一位(贸易顺差的)

---

[1] 熊彼特所说的"人类的思维方式"指的是"人凭直觉可知贸易顺差有好处"。——译者注(后文若无特殊说明,则脚注皆为译者注)

支持者蒙田（米歇尔·德蒙泰涅，Michel de Montaigne）指出，"若没有人损失也就不会有人获利"。丹尼尔·笛福（Daniel Defoe）认为财富随着出口产品价值的增加而增加，正如其所言，"国内消费无益于国家财富的增加"。塞缪尔·佩皮斯（Samuel Pepys）曾说："对于我们二者来说，世界贸易太小了，因此，必须有一方减少所得。"约翰·梅纳德·凯恩斯认为："一个国家处于贸易顺差时会占据特殊优势，处于贸易逆差时则极度危险，在导致贵金属外流的情况下尤其如此。对此，经济理论家和实践者毫不怀疑。"很难说重商主义思想为什么会在这个时期盛行起来，[7] 可能是因为随着军舰技术的改进，海外贸易在17世纪得到了快速增长，人们开始认为贸易对于日常生活比以往更加重要吧。

科尔贝赞同贸易顺差等同于国家繁荣的理论。熊彼特比其他人更进一步指出，科尔贝对它已经"入迷了"。科尔贝对国王说："财政的普遍规律应该是始终密切注意，并尽一切努力，利用陛下的权威，吸引资金进入王国。"[8] 现代经济学家基本上认为所有国家有可能同时致富；与之相反，科尔贝暗示法国的富裕只能以牺牲其他国家的利益为代价。1669年，他告诉路易十四："贸易是欧洲各国之间一场旷日持久的战争，无论是在和平时期，还是在战争时期，均是如此。"[9]

历史学家注意到，在科尔贝的注视下，法国政府的政策与以前相比发生了明显的变化。例如，马丁·沃尔夫（Martin Wolfe）几乎没有发现法国在文艺复兴时期施行高进口关税的证据。沃尔夫称："在文艺复兴时期的法国，著名的贸易平衡的重商主义原则及其与国家货币储备的联系根本无迹可寻——至少与我们在科尔贝时代看到的不同。"到了17世纪，情况发生了清晰的变化。

正如历史学家唐纳德·科尔曼所言，在17世纪60年代中期，

"为了收入、贸易平衡和航运的利益，或是为了鼓励和保护工业"，科尔贝的法国与其最亲密的伙伴英格兰、荷兰发生了一场贸易战。1667年，法国征收的进口关税已经"到了具有侵略性的地步"。英格兰和荷兰的回应是对法国葡萄酒和白兰地征收更高的关税。在科尔贝执掌经济大权的几年内，英格兰出口商抱怨说，向法国出口是不可能的。科尔贝还想让法国海军插手印度洋的贸易。根据历史学家格伦·埃姆斯（Glenn Ames）的说法，科尔贝这么做的动机是基于这一理论："法国的任何收益都必然是以在该贸易中占主导地位的荷兰利益的丧失为代价"。

科尔贝是否成功实现了他的目标，即让法国获得巨额的贸易顺差，从而积累大量的黄金呢？难以确定，因为17世纪的贸易数据质量很差。不过，玛格丽特·普里斯特利（Margaret Priestley）指出，到1674年时，法国对英格兰的出口比从英格兰进口多出965 128英镑（相当于今天的2亿英镑）。换句话说，那一年，法国从英格兰赚走了价值965 128英镑的金银，它们本可以被安放于英格兰的国库。这是成功吗？不一定。法国对英国长期存在贸易顺差。数据显示，到科尔贝任期结束时，法国的贸易顺差可能仅比他上台之前大了一点。因此，即使用科尔贝自己的话说，他也算不上成功。

然而，科尔贝不仅痴迷于法国的对外贸易，他还想改善法国的国内经济——这与重商主义者的核心关切之一有关。时至今日，这一关切仍没有得到正确的评价。

重商主义的另一面

经济思想史学家威廉·格兰普（William Grampp）在1952年

发表的一篇论文中指出："重商主义的目标与人们通常认为的有所不同"。[10] 他认为这群人的目标不仅仅是普遍认为的那样，为了自身的利益而积累金银，而是另有目标——创造充分的就业机会。

格兰普并没有解释清楚为什么彼时会出现一群致力于提高就业率的思想家。这可能与17和18世纪以来的经济变化有关。以英国的经济发展为例，农业正变成一种相对次要的经济活动。越来越多的人为了赚取工资而住进城市。简而言之，失业问题可能已经变得越来越明显——人们想要为此做点什么。

如上讨论中猜测的成分过多。显而易见的是，重商主义者对就业问题的看法与追随他们的强硬派政治经济学家截然不同。若从最纯粹的角度看，古典经济学认为社会自然倾向于一种令人愉快的均衡，在此均衡之下，每个人都能赚取一份体面的工资。伊莱·赫克舍（Eli Heckscher）在其20世纪30年代出版的著作中，相当公正地刻画了古典政治经济学家的特点：他们认为"有望从不受限制的经济生活的力量中"获得"期望的结果"（参见讲述让-巴蒂斯特·萨伊的第10章）。重商主义者不认可这一点，他们认为"凭借老练政治家的巧妙管理"就可以取得"期望的结果"。[11] 换句话说，国家干预才能实现充分就业。在这方面，重商主义者似乎走在了约翰·梅纳德·凯恩斯的前面，凯恩斯主张在经济增长放缓和失业率高企时增加政府的支出。事实上，在1936年出版的《就业、利息与货币通论》（General Theory）一书中，凯恩斯不无赞许地提到了重商主义学说。

在重商主义者看来，做什么才能创造大量的就业机会呢？就像西蒙·西斯蒙第（Simonde de Sismondi，见第12章）和阿尔弗雷德·马歇尔（见第20章）一样，重商主义者担心富人倾向于囤积财富，而不消费。富人的低支出反过来剥夺了较不富裕者的就业机会。

因此，他们中的很多人鼓励富人消费、消费、消费。1598年，被视为科尔贝思想先师的法国思想家巴泰勒米·拉弗马（Barthelemy de Laffemas）批评了那些反对购买昂贵丝绸的人。他认为外出购买奢侈品的人为穷人创造了就业机会，而把钱存起来的守财奴则会导致穷人在赤贫中死去。[12] 伯纳德·曼德维尔（见第3章）也提出了类似的观点。曼德维尔认为奢侈品消费具有相当大的经济效益，因为它会创造就业。生产奢侈品往往比生产普通商品需要雇用更多的人，从而增加大量的就业。综观这些争论，大约一个世纪后托马斯·马尔萨斯会提出什么主张也就不难预见了（见第11章）。

同样重要的是，重商主义者认为贸易顺差还有助于增加支出。流入一国的黄金和白银可以用于为穷人创造就业机会。[13] 与此同时，健全的出口部门会创造更多的就业机会。1622年，爱德华·米塞尔登（Edward Misselden）指出："贸易繁荣时，国王的收入增加，土地费用和租金增加，航运频繁，穷人的就业增加；但若贸易衰退，这些也会随之倒退。"[14]

从理论到实践

再说回科尔贝，他坚决支持充分就业。充分就业的实现需要国家直接干预。1665年，为了降低女性的失业率，科尔贝创建了一家皇家公司，垄断一种法式风格的新蕾丝长达9年之久，它取代了进口的威尼斯蕾丝。克莱尔·克劳斯顿（Clare Crowston）描述了科尔贝的做法，并指出"1666年至1669年的一系列法令一再禁止销售进口蕾丝"。科尔贝认为法规规定得越精确，法国生产的产品就越独特。那么，法国将得以垄断市场，促使更多的人找到工作。1666年，科尔贝颁布了一项法令，规定在第戎（Dijon）生产的织物必须精确地包含1408股线。用现代的专业术语来说，诸如此类的规定实际是一种"非关税壁垒"，目的是让外国纺织品制造商更难进入法国市场。对促进就业的渴望藏在帝国主义本能的身后。1939年，查尔斯·科尔（C. W. Cole）在其著作中写道，科尔贝认为法国向西印度群岛的扩张"会帮助6000多名法国人就业"。不管科尔贝改善就业的手段多么刚愎自用，他的目标相当明确。

令人困惑的遗产

那么，如何理解重商主义的学说呢？"黄金越多则财富越多"，这个理念虽然诱人，却是错误的。基于这一理念产生的政策只能是，无论下多大力气，政府都要进行干预，限制进口，促进出口。几乎可以肯定的是，实施这些政策最积极热情的国家均遭受了经济重创。

与此同时，重商主义者认为就业非常重要，专注于为尽可能多的人提供就业机会是完全正确的。本书中的多位经济学家从根本上认为失业率长时间居高不下是不可能的，不需要政府干预——关于这一点，我们将在让－巴蒂斯特·萨伊一章将看到最为清晰的表达。事实上，直到凯恩斯，主流经济学界才认真对待这样一种观念：失业不一定会自行消失，如果失业率年复一年地持续下去，政府就不得不介入。在很多方面，科尔贝及其重商主义跟随者是愚笨的；但在其他方面，他们则有先见之明。

2

威廉·配第爵士
Sir William Petty 1623—1687
经济学的创立者

在 17 世纪的英格兰，科学获得了惊人的发展。人们可以比以往任何时候更自由地挑战公认的智慧和正统学说，越来越多的人开始信奉弗朗西斯·培根（Francis Bacon，1561—1626）的名言，他的科学研究方法重视严格收集数据和检验假说。培根还坚持认为所有的知识必定是有用的。过去几个世纪以来，科学探索一直忙于历史学家乔尔·莫基尔（Joel Mokyr）所谓的"经验事实的盲目堆积"，这是他对"为艺术而艺术"的一种解释。与之不同的是，人们越来越相信知识就是要为人所用的。政府和个人应该利用科学发现改善普通人的健康状况，增加他们的财富。培根是与 16 世纪中期至 17 世纪末的"科学革命"关系最密切的人。

我们谈及"培根革命"时，通常考虑的是它对自然科学的影响，比如化学和物理学。但鲜为人知的是，它也塑造了人文科学。这正是威廉·配第爵士及其"政治算术"的用武之地。受培根的影响，配第是最早一批认为国家的人口、收入和财富可以而且应该被严格度量的人之一。反过来，这种度量会为经济和社会改革提供必要的信息。正如配第的一位传记作者所言，配第无疑是这一领域的"新手"，但他的经济学方法简直可以说是革命性的。

早在亚当·斯密之前

配第并非出身名门望族。1623 年，他生于汉普郡（Hampshire）的贫民区，父亲是个裁缝。他是个聪明的孩子。约翰·奥布里（John Aubrey）是一位 17 世纪的作家，也是配第的第一位传记作者，他说配第年轻时最大的乐趣是"看着工匠们干活，比如铁匠、钟表匠、木匠、细木工匠，等等。配第 12 岁时，这些手艺中的任何一种都不在话下"。不久，对知识的无限渴求使他开始周游各地。除了在乌得勒支（Utrecht）、莱顿（Leiden）和阿姆斯特丹待过一段时间外，他还曾在巴黎学习，并在那里遇见了托马斯·霍布斯（Thomas Hobbes）。[1] 很快，配第成为霍布斯的研究助理，霍布斯则向他灌输了经验主义哲学，该哲学主张从感官体验中衍生出有关世界的理论。

不久之后，配第成为牛津大学的研究员。此后不久，他又被格雷沙姆学院（Gresham College）任命为音乐教授，并在那里讲授数学。配第是一个很难与之共事的人，他要求同事在任何时候都要精确地表达。有位同事在某次演示中用了"相当大"这个词，配第叱责那位粗心大意的同事，指出"除了用数字、重量或尺寸标记外，不能用任何词"。在社交方面，他同样严格，慎重选择加入的圈子，但这些圈子最终汇聚到一起，组成了英国皇家学会，其座右铭是"不人云亦云"（nullius in verba）。配第是创始成员之一。

通过对周围世界的观察，配第积累了很多经济学见解，这让他在一小群书呆子中一举成名。例如，关于劳动分工，他发表了一些有趣的看法，这要比亚当·斯密著名的大头针工厂案例早一个世纪。1682年，配第以"怀表的制造"为例指出："如果一个人制造转轮，另一个人制造弹簧，再有一人来做表壳，那么，这只表比所有工序都由任何一个人完成要做得更好，也更便宜。"

跨海捞金

然而，配第对经济学最大的贡献是在测量和统计方面。17世纪50年代，他厌倦了学术研究的生活，还决定要赚很多钱。按照传记作者奥布里的说法，配第的父亲去世时"几乎没有给他留下财产"。在巴黎与霍布斯一起时，配第的大部分时间都是在极度贫困中度过的，他曾不得不靠3便士的核桃维持一周的生计。

显而易见，爱尔兰成了可以发财的地方。奥利弗·克伦威尔（Oliver Cromwell）的军队征服了这个国家，其军费来源于商人的个人借款，但由超过12 000平方千米的爱尔兰土地作为担保，这些土地被没收后将分配给这些商人。任何跨越爱尔兰海的人都怀着获得一大片土地的希望。

1652年，作为一名军医，配第动身前往爱尔兰。刚到不久，他就发现了一个机会。克伦威尔将征服而得的土地分配下去，首先需要测量。负责此次土地调查的人叫本杰明·沃斯利（Benjamin Worsley）。沃斯利总是随身带着放大镜，试图让人们相信他真的很聪明，却总是徒劳。配第对沃斯利的评价不高。根据19世纪配第的传记作家埃德蒙·菲茨莫里斯（Edmond Fitzmaurice）勋爵的说法,"配第博士称(沃斯利)虽有很多绝妙的构想,却苦于在英格兰不得志,希望依靠一群不太了解他且更轻信的人来抬高自己,疗愈创伤"。

毫无疑问,配第不怀好意地发现了沃斯利调查中的很多错误。他承诺他也能做到,而且根本用不了沃斯利所提议的 13 年,而是在两年之内即可完成,但前提是按照他的方式做。于是,配第拿到了佣金。他于 17 世纪 50 年代中期进行的地籍测量史称"向下调查(Down Survey)"。弗兰克·普伦德加斯特(Frank Prendergast)说:"这是第一次对爱尔兰进行系统的地图绘制,其组织有效性和准确性是前所未有的。"

配第负责分配土地,近水楼台,发财致富就得来全不费工夫了。据说单在凯里郡(County Kerry),他就获得了 1000 多平方千米土地(约占该郡土地总面积的 1/4)。配第有可能获得了理查德·坎蒂隆(Richard Cantillon)家族之前拥有的一部分土地(本书第 4 章将要讲到)。他周围的人心生怀疑。在接下来的几年里,配第多次被控欺诈,包括被下议院指控——他于 1759 年成为英国康沃尔(Cornwall)某地区的下议院议员。1661 年,配第被授予爵位,想必此事进一步激怒了他的对手。然而,对正在阅读此书的我们而言,更重要的是,配第开始在爱尔兰尝试测量和量化他周围的世界。

"向下调查"并不是世界上第一次人口普查,也不是综合性的——英格兰于 1086 年编撰的《末日书》(Domesday Book)取得了更好的成果。受雇实施调查的 1000 名男性调查员并没有走遍爱尔兰的全部 32 个郡。不过,借助这些原始材料,再加上 1660 年纳税申报表的数据,配第得以提供优于世界上其他任何国家的国家统计信息。

据配第计算,爱尔兰的人口在 1652 年为 85 万,在 1672 年为 110 万,在 1687 年时达到 130 万。[2] 配第称爱尔兰整体上是一个贫穷之地。现代分析表明,平均而言,当时的爱尔兰人的富裕程度只有英国人的一半。配第还对收入和财富的分配进行了有趣的观察。如亚当·福克斯(Adam Fox)所说,配第计算出爱尔兰和古英格兰[1]天主教徒约占爱尔兰人口的 3/4,而新教定居者却拥有 3/4 的土地。天主教徒还不得不忍受更差的住房条件。配第说,爱尔兰天主教徒的房子通常"没有烟囱,没有门,没有楼梯,没有窗户"。

配第如此详细地编制关于爱尔兰的统计信息,意欲何为?他想说服政府——要舍得花钱,以便获得更为准确的统计数据[2]。当然,若是爱尔兰的经济好转,身为大地主的配第自然会从中受益。这样的印象是难以抹除的:配第帮助这个国家的渴望有利他的一面。他谈到"野兽和害虫以及(大多数人)生活在潮湿、发霉和散发着恶臭的环境里"。通过分析事关当地情况的大量信息,配第发现问题之所在,并找到了解决问题的办法。

最终,他决定实施"改善"爱尔兰的计划。不无吊诡的是,为了促进该岛的英国化,10 万个来自英格兰的家庭将遭到驱逐。根据福克斯的说法,配第认为新教徒干活比天主教徒更卖力。他讥讽爱尔兰天主教徒"假日过多",而"不必要的神职人员和圣日礼拜对一个人口不多的国家损害巨大"。他认为,增加新教徒人口会促进经济发展。尽管配第设法建立一个由英格兰、威尔士和康沃尔郡新教徒组成的城镇,但他的大规模驱逐计划并未得逞。

---

[1] 古英格兰(old-English),文中指的是存在于 927—1707 年的英格兰王国。——编者注

[2] "统计"(statistics)一词源于新拉丁语的"国家"(statisticum),并非巧合。

雁过拔毛

相比对爱尔兰经济的研究，配第对英格兰经济的研究更令人印象深刻。在配第的时代，政府面临的最大的问题是如何增加税收。在大约公元 1600 年以前，大多数政府对改善普通民众的生活没有什么兴趣，无需劳心费神地增加太多的税收。增加的税收主要用于保持皇室生活的舒适，维持皇室成员与其身份、地位相匹配的生活方式。英格兰是一个相当发达的国家，我们掌握的数据显示，在公元 1300 年到 1600 年间，平均税收不到 GDP 的 2%（现在约为 35%）。

到了 17 世纪，情况发生了变化。新兴的资本主义列强为争夺领土展开了更加激烈的角逐，他们将手伸向世界各地，以获得原材料和奢侈品，并为自己的商品打开国外市场的大门。战争的扩大需要更大的财政支持。帕特里克·奥布赖恩（Patrick O'Brien）在谈及英国时说："从（1660 年）王政复辟起，中央政府的税收稳步增加，直接满足了军费开支的需求。从查理二世到乔治四世，几乎一半的财政年度都在应对一系列漫长的'重商主义战争'，这给英国公民的收入及经济状况增加了日益沉重的税负。"第一次，掌握政治权力的人不得不考虑什么才是筹集额外资金的最好方式。

这时，配第出场了。他将工作重点放在当今经济学家所谓的"国民收入和生产核算"上，即衡量一个国家的年度生产或收入水平及其资产价值。要知道政府能够切实地增加多少税收，就必须对经济规模有大致的概念。[3] 配第坚持认为有必要"算出特定人群在这个国家的总花费"，以便"对该国的财富、增长、贸易和实力进行更准确的计算"。

因此，配第把计算英国的经济规模当成自己的任务——首次有人做这样的事情。正如查尔斯·赫尔（Charles Hull）所说，配第认为"整个国家的收入可以由其人口和他们的支出估算而得"。该方法与当今经济学家计算 GDP 的方法没有什么不同，后者是将消费支出、投资支出、政府支出和净出口相加。经过计算，配第指出，17 世纪 60 年代中期，英格兰和威尔士的 GDP 为 4000 万英镑，其中 2500 万英镑用作支付工资，1500 万英镑支付给了土地、住房和其他资产的所有者。这让他名声大噪。[4]

不可否认的是，配第的计算是粗线条的。保罗·斯莱克（Paul Slack）指出，配第做了很多假设，却都疑似无法解释。例如，配第声称"具体估算（金属、皮革、盐等的价值）……太过麻烦，以至于无法一一列举"。他是不是凭空捏造了一些数字？斯莱克对配第的数据进行了取证分析，发现他假定的牲畜数量过高、流通中的货币量过低、船运吨位数也过高。斯莱克继续说道："4000 万英镑被证明是一个先验的假设、一个经过检验的整数，然后它被采用了，因为它看上去给出了符合实际规模的结果。"

有些人对配第的批评更加尖锐。亚当·斯密曾打趣说："我对政治算术不抱有太大的信心。"斯密认为，像配第这样的经济学家依靠的仅仅是猜测。最近有批评家指责他的行为是最严重的学术舞弊，即为了得出符合个人经济利益的结论而伪造数据。按照配第的 GDP 计算结果，在英国的经济环境中，劳动力比土地更重要，因此，政府需要向劳工征收更多的税。2013 年，《经济学人》的文章称这是一种"图谋私利的"论调，因为它非常符合土地所有者的利益。

尽管如此，配第的估算并不离谱，（最新研究发现）英国 1665 年的 GDP 约为 4900 万英镑，而配第的估计为 4000 万英镑。根据斯莱克的说法，专盯着配第数据的准确性不放多少有点避重就轻的感觉，"正是对能够而且必须找到准确数据的信心促使配第走上了一条开创性的道路。"

理论与实践

本书中的多位经济学家都热衷于创建复杂而抽象的理论，并且不太在乎其理论是否经得起实证的检验。然而，为了适应那个时代培根哲学的精神，配第采取了一种完全不同的方法。在他看来，最好是先有经验证据（数据），然后再得出理论。通过对人口和 GDP 的详细观察、计算，他围绕经济运行的机制提出了一些引人关注的想法。

从 17 世纪到 20 世纪，国家的"最佳"人口规模问题一直是一个重大论题。最广为人所知的是，托马斯·马尔萨斯担心人口的增长速度会超过食物供应的增长速度。正如我们将在第 11 章中看到的那样，马尔萨斯通过一系列假设得出了存在这种可能性的结论，但其中的一些假设是没有根据的。配第的实证使他得出了一个与马尔萨斯截然不同的结论。

配第经常去荷兰旅行，在他生活的时代，荷兰是最先进的资本主义国家（1700 年，荷兰的人均 GDP 大约是英国的 2 倍，可能是爱尔兰的 3 倍。）[5] 配第将在荷兰看到的繁荣与在爱尔兰看到的贫困做了比较，并注意到荷兰的人口比爱尔兰的多很多。虽然荷兰的自然资源很少，"在荷兰省或泽兰省（我所知道的人口最稠密的地区），人们的财产及其每日劳动的价值比凯里郡或康诺特郡（Connaught）

的大,而且乞丐较少。"[1]用配第的话说,挤作一团的荷兰人"开始忙碌,贫瘠的土地上硕果累累"。

换言之,配第的观点与马尔萨斯的背道而驰。在配第看来,大量、密集的人口是一件好事。上帝不是告诉亚当和夏娃要"生养众多,遍满地面"吗?亚当·福克斯认为,除了其他因素外,拥有较多的人口会促进城镇的发展。配第认为这是好事:城市居民喜欢"炫耀性消费"(尽管他没有使用这个词),因此希望努力工作,以给邻居留下好印象。城市人口密集有助于提高生产效率,也可以进一步深化劳动分工。配第说:"在一个大城市的街道上,所有的居民几乎都从事同一行业,这些地方特有的商品比其他地方制造的质量更好、更便宜。"配第将富裕的英格兰与贫穷的爱尔兰进行了对比,他估计约有1/10的英格兰人居住在伦敦,而只有不到2%的爱尔兰人居住在都柏林。在配第看来,政府应该尽其所能地鼓励人口增长,并把尽可能多的人塞进市区。

配第的经历也影响了他对经济政策的看法。他内心怎么想的再清楚不过了:他喜欢"*vadere sicut vult*"这个短语,翻译过来大致就是"世界会缓慢前进的"或"随它去吧"。今天,配第被公认为是最早的自由放任的经济学家之一。就像我们将要读到的和伯纳德·曼德维尔和弗朗索瓦·魁奈(François Quesnay)一样,配第所受的医学训练影响了他对社会的看法。他说:"我们必须综合考虑,明智的医生不会过分干涉他们的病人,而是观察和让他

---

[1] 荷兰省地区指的是南荷兰省和北荷兰省。确切地说,它们是当时尼德兰王国12个省份中的两个省,因其在政治、经济、文化、艺术人口以及人口方面具有领导地位,世人多称荷兰,而不是尼德兰。荷兰之名由此而来。凯里郡、康诺特郡是爱尔兰的两个郡。

们顺其自然……在政治和经济活动中必须使用同样的方法。"配第认识到，人的身体常常在没有任何外界帮助的情况下对抗疾病。他认为经济能够以同样的方式完成自我校正。想必配第已经意识到赋予政府过多权力的危险——他自己不就是利用其在爱尔兰的官职自肥的吗？

但是配第并没有让其自由放任的理论掌控自己。他实在是太信奉经验主义了。配第在世界各地旅行时注意到很多长期失业的人，对他们的困境深表同情。他担心的是，太长时间无所事事会让他们忘记职业的行为准则，技能也会止步不前。[6] 当然，与现代经济学家的说法相比，他的表述略有不同："也许……乞讨或偷窃所得超过了他们的用度，这会让他们永远不愿劳动。"

因此，配第赞成有限的政府干预。在他看来，政府应该出钱让失业者去工作。他问道："谁给这些人开工资呢？我的回答是'每个人'。"对他而言，指派工人做什么并不特别重要，只要他们被指派做某事就行：

> 至于这些多余人员的工作，无论是雇用他们在索尔兹伯里平原上建造一个毫无用处的金字塔，还是把巨石阵的石头搬到塔山或类似的地方，都没关系，因为最差也能让他们保持守纪和服从的意识，并使他们的身体在需要时能够耐心地从事更赚钱的劳动。

配第的"报复"

配第壮志未酬身先死。他一再要求政府在收集经济数据上投入更多资金,比如他想要创建一个爱尔兰统计办公室,但握有政治权柄的人极少听得进去。他没能看到自己的"政治算术"被广泛采用的愿景变成现实。

这可能是因为配第不讨上司的喜欢。他喜欢公开嘲笑贵族的装腔作势。一位传记作者写道:"他坦承自己伶牙俐齿,喜欢开玩笑。"因为在爱尔兰的腐败交易,很少有人喜欢他。

配第的建议受到忽略还有一个更深层次的原因:基于数据做出决策的理念是激进的。在许多人看来,基于数据而不是恰当与否做决定是不道德的。历史学家威廉·莱特温(William Letwin)称,乔纳森·斯威夫特(Jonathan Swift)的《一个小建议》(*Modest Proposal*,1729)"令人信服地表达了对用作社会政决策工具的政治算术的反对"。英裔爱尔兰讽刺作家斯威夫特抨击了配第的理论:在他的故事里,每年卖掉10万儿童,并把他们做熟,端上饥饿穷人的餐桌,这创造了经济"效益"。

政治经济学家也忽视了配第的见解。约瑟夫·熊彼特认为,在18世纪,"绝大多数人很快就忘记了"政治算术。相反,他们对用复杂的理论来描述世界越来越感兴趣。经验证据很难得到,也不可靠;而且,因为大卫·休谟,人们对是否有可能从数据分析中得出一般性结论产生了疑问。在熊彼特看来,配第的指导原则是"归纳是数字和推理相结合的产物",这在亚当·斯密的时代已经过时了(亚当·斯密在《国富论》中一次也未提及配第)。大卫·李嘉图对实证研究没有兴趣。若配第在1900年复活,他会对自己的职业的进展感到失望。

变化已然发生。到第二次世界大战时,富裕国家都意识到了获得可靠数据的好处,并开始定期估算GDP。经济学已经随着时代的前进而进步。随着计量经济学会（Econometric Society）于 1930 年成立，实证再次被证明是重要的。在过去的几十年里，配第的这种经济学方法越来越流行。随着获取大量数据变得越来越容易，经济学家们越来越少走从理论到实证的研究路线；与之相反，他们开始步配第的后尘。

3

伯纳德·曼德维尔
Bernard Mandeville 1670—1733
18 世纪的米尔顿·弗里德曼

  它是经济学的最好的诗篇,但也引起了极大的争议。对某些人来说,这首诗集中体现了资本主义可能鼓励的占有欲和自私自利。伯纳德·曼德维尔的《抱怨的蜂巢》(*Grumbling Hive*)于 1705 年首次出版,讲述了一窝蜜蜂的故事。居住在蜂巢中的每只蜜蜂都是道德败坏的。蜜蜂医生更看重"名利",而不是"情绪低落的病人的健康"。蜜蜂律师则欺骗所有人。蜜蜂社会的其他成员则由"骗子、寄生虫、皮条客、寻欢作乐者、扒手、假币制造者、庸医和算命师"组成。

  但蜂巢兴旺昌盛。"宽敞的蜂巢里住满了蜜蜂/生活奢华而安逸。"这首诗传达了这样的信息:蜜蜂社会之所以如此繁荣,恰恰是因为每个人都贪财和不讲道德。因此,虽然"处处可见邪恶/但整体而言堪称乐园"。然而,这首诗并没有一个圆满的结局。"恶棍"现身,他们发誓要"清除/喧嚣的欺诈的蜂巢"。结果,蜜蜂的道德水平提升，不再那么自私，但这对经济的影响却是毁灭性的。"随着自我夸耀和奢侈消费的减少，渐渐地，他们不再为钱奔忙，商人也不再逐利。公司则关闭了所有的工厂，制造业被冷落一旁。"

曼德维尔最著名的文学贡献似乎是对自利和不道德行为的认可，甚至是颂扬。这种想法认为，无论多么不合乎道德规范，奢侈品消费，比如购买精美的丝绸和高档的葡萄酒，甚至嫖娼，实际上都是好事。按照这种扭曲的逻辑，放荡不羁者的作为反倒值得被称赞，因为它创造了经济活动和就业机会。用曼德维尔的话说，这是一种"高尚的罪恶"。正如这首诗所说，"奢侈生活/让大量的穷人忙活/可憎的自我夸耀则利用穷人更多"。

私恶，公德

很多人认为曼德维尔是资本主义的第一位坚定拥护者。他似乎提出了两个相关的论点。首先，评判一个社会唯一的合理方式是看其有多富裕，而不是看其有多高尚；其次，为使社会富裕，就必须让人们沉溺于贪婪和夸耀。

总之，曼德维尔似乎在倡导一种极端的自由放任经济。1714年，《蜜蜂的寓言：私人的恶德，公众的利益》(*The Fable of the Bees: Private Vices, Publick Benefits*)上市。这本书包含了最初于1705年出版的《抱怨的蜂巢》。在1924年出版的《蜜蜂的寓言》最终版的导言中，弗雷德里克·本杰明·凯（F. B. Kaye）认为："曼德维尔主张并明确坚持了目前被称为'自由放任'的理论，该理论在现代经济思想中占据主导地位长达100年，至今仍是一股强大的力量。"另一位作者发现："凯认为曼德维尔的《蜜蜂的寓言》是对自由放任主义哲学第一次系统的阐述,这种说法很有道理"。

上流社会被《抱怨的蜂巢》所推崇的是非道德不分的个人主义吓得脸色苍白。亚当·斯密认为它对人类动机的看法过于简单,甚至愤世嫉俗。据报道,米德尔塞克斯县(Middlesex)的陪审团认为该书是"公害"。凯恩斯发现只有一个权威愿意为它说话,那人就是塞缪尔·约翰逊(Samuel Johnson),这位总是与大众观点相左的人称自己并不憎恨它;相反,他认为它"极大地拓宽了自己观察现实生活的眼界"。[1]

《蜜蜂的寓言》的寓言

曼德维尔当然不是一位受过专业训练的经济学家,这门学科当时尚未问世。他也不像配第那样擅长数学思维。曼德维尔于1670年出生于荷兰,曾经接受过医生职业培训。在移居英国的几年里,他的英语学得非常好,几乎没有人能看出他的母语不是英语。目前尚不清楚最初是什么吸引他对经济学感兴趣,但这门学科与医学之间似乎有一种奇特的密切关系。因为当过医生的不仅是曼德维尔,还有配第和弗朗索瓦·魁奈。就像医生需要了解血液在体内的流动,也许正是货币在经济体中的流动让这些人着迷。

经济学家往往认为曼德维尔无足轻重,不必拿他当回事。弗里德里希·哈耶克(Friedrich Hayek)写道:"在我看来,曼德维尔关于技术经济学的观点相当平庸,或者至少缺乏独创性。"不容忽视的是,曼德维尔的一些逻辑不但跳来跳去,而且还很奇怪。历史学家萨利姆·拉希德(Salim Rashid)投入了很多精力研究曼德维尔的理论,指出了一个又一个问题。曼德维尔认为,1666年的伦敦大火虽然从表面上看是一场"大灾难",但是实际上,对这座城市来说反倒是一件好事,因为它为将要重建它的人提供了很多就业机会。正如曼德维尔所说,"木匠、泥瓦匠、铁匠和所有人"乐于获得"全日制雇用"的机会。根据曼德维尔的说法,"(这群人)的票数会超过那些在火灾中丧生的人;即便有所得的欣喜不大于有所失的抱怨,至少也应该是相等的。"[1] 当然,曼德维尔忽略了这样一个事实:伦敦大火给许多人带来了极大的不便,而且伦敦重建后,英国可能比火灾发生前更糟。乱扔垃圾是个好主意,因为它会给清洁工提供就业机会;人们应该故意生病,因为这会给医生提供工作机会——很难说这些想法是正确的。

曼德维尔的奢侈消费理论也很有意思。他辩称禁止酗酒或嫖娼等行为是坏主意。禁令之所以是坏主意,因为它所带来的结果会是经济总支出的降低,进而导致穷困者失业。当然,若不允许在妓女身上花钱,那些本来想嫖娼的人很可能会把省下来的钱用于购买营养品。但话又说回来了,他们可能根本不会花这些钱,而是更愿意把它们塞到床垫底下——这是众所周知的。那样一来,有谁会因此受益呢?

正是出于这个原因,曼德维尔注意到善意的说教者对经济的影响。如果必须对污秽的活动采取措施,最好是监管,而不是禁止。历史学家阿尔弗雷德·乔克(Alfred Chalk)指出,就曼德维尔而言,监管卖淫和一夫多妻所要做的只是针对"时间和地点的具体限制"。根据经济学家布鲁斯·埃尔姆斯利(Bruce Elmslie)的研究,曼德维尔在1724年出版的一本匿名小册子中支持规范管理妓院的观点。

---

[1] 曼德维尔的这番话是一个假设:伦敦大火过后,有些生者因祸得福有了活干,若是以"火灾是好事还是坏事"为题投票,就业者会认为火灾是好事,丧生者自然认为它是坏事,但有机会就业者的票数会超过丧生者的票数。

自由选择

但曼德维尔的经济思想的还不止于此。他并不真正自视为经济理论家。资本主义哲学家,于他而言是最合适的身份。拿他与20世纪最著名的经济学家米尔顿·弗里德曼作一番比较,或许会颇有启发。弗里德曼对资本主义的伦理也感兴趣。当谈到企业应该如何发挥作用时,他的态度相当强硬。他写道:"企业有且只有一个社会责任,那就是在遵守游戏规则的基础上,利用其资源,参与旨在增加其利润的活动。也就是说,只要是不欺骗或欺诈,便可以公开地参与自由的竞争。"

你可能会认为弗里德曼的观点听起来很像曼德维尔的。实际上,恰恰相反。曼德维尔的确认为让人随心所欲地花钱对资本主义有利,但随后他又后退了一步——若是需要牺牲自己的原则,我们是否还希望资本主义繁荣昌盛呢?曼德维尔说:贪婪很可能带来整体财富的增加,但这是以什么样的道德代价换来的呢?

要理解这种资本主义哲学,你需要理解克己(self-denial)的概念。曼德维尔认为人类总是在自我克制和自我放纵之间备受煎熬。比如,是为工作了一天的伴侣做饭,还是和自己的好朋友出去玩儿?在曼德维尔看来,克己是一种道德行为,而自利不是。这也是多种宗教思想流派的核心观念。为了做正确的事情,人们需要与自己的"各种喜好"相抗争。

人们会质疑自利和克己对立的哲学基础。曼德维尔未曾特别清楚克己何以变成自利?如果以克己为乐为荣,那不克己会让人感到羞愧吗?亚当·斯密的老师之一弗朗西斯·哈奇森(Francis Hutcheson,1694—1746)打趣道,曼德维尔"很可能在年轻时被一些关于克己的古老狂热说教所打动,而且自那以后再没有摆脱这样的思维"。

无论如何,曼德维尔非常喜欢这个概念,并用它来构建对资本主义的道德批判。争论归于一点:曼德维尔认为,在前资本主义时代,社会把克己摆在头等重要的位置,但是后来资本主义出现了——突然间,自利反而更受尊重。正如乔治·布拉格斯(George Bragues)所言,"通过提高那些娴熟地满足自己贪欲之人的地位,并给予他们权力、特权和名誉,商业社会颠覆了传统的自利者地位低下的道德共识"。托马斯·霍恩(Thomas Horne)称此为"商业社会的道德问题",即资本主义"不仅承认并利用了被认为是人性一部分的自利,而且还以经济效率的名义强化了自利"。

在这样的背景下,曼德维尔似乎发现很难支持市场交换有益的观点。他称资本主义对自利的颂扬加速了"人类的堕落"。布拉格斯发现曼德维尔"特别针对那些愿意美化商品质量、假装关心消费者福祉、利用消费者心理弱点的卖家"。设想某房地产经纪人想方设法出租或出售给你房子,他们假装对你的幸福感兴趣,但是一旦钱赚到手,他们就再也不会问你过得怎么样了。曼德维尔谈到了"无数的策略、诡计,买卖双方相互智斗,最公平的商人对此都心照不宣,不但允许这样的行为,而且每天都在做"。一言以蔽之,在资本主义制度下,人们不再相互关心,而仅仅视他人为实现自己致富目标的手段。曼德维尔的观点带有一点"商品拜物教"的性质。

历史学家就曼德维尔个人对所谓的自利地位的上升有多关心展开了辩论。他是因自利取代了克己而烦恼,还是仅仅指出这一点?有一种理论认为曼德维尔对此并不太在意。他只是喜欢嘲笑精英们的伪善。用拉塞尔·尼利(Russell Nieli)的话说,让曼德维尔感到可笑的是,人们"有时口头上仍赞赏传统的基督教和禁欲主义的伦理道德,但在日常生活中却越来越表现出显而易见的世俗"。曼德维尔一针见血地指出:"那些所谓基督徒的做法永远与他们所宣称信奉的理论相抵触。"

假如你转向曼德维尔说:"是啊,资本主义道德腐蚀人的灵魂,但看一看它所创造的繁荣吧!"他会完全接受这一点。他说:"如果古代的不列颠人和高卢人从坟墓里钻出来,看到到处是为穷人建造的高楼大厦,他们该有多么惊奇啊!"正如《蜜蜂的寓言》所清楚表明的,他认为减少恶行会导致经济活动的急剧衰落。遗憾的是,除了对社会的状态感到愤怒,曼德维尔什么也做不了。伦理道德或物质享受哪个更好?他怎么可能决定得了。菲莉丝·范登堡(Phyllis Vandenberg)和阿比盖尔·德哈特(Abigail DeHart)说:"对曼德维尔来说,社会可以基于私恶而繁荣,或基于私德而贫穷,但不会同时发生。"

由此看来,曼德维尔算不上完全的思想家,但不失为一个有趣的思想家。若想认识他,须从两个方面考虑。首先,他确信奢侈消费对资本主义有利。这让人们贪婪、自利的行为有了坚实的经济理由。从这个意义上讲,你可以把他看作自由放任主义经济学家的思想先驱。但是,重要的是,我们要承认曼德维尔思想的第二个部分:他并不太关心资本主义是否健康,他担心的是资本主义最终可能创造出的那种社会。他提出了一个资本主义社会中人人都无法忽视的问题:我想致富的欲望何时会与我的道德观念发生冲突?

4

理查德·坎蒂隆
Richard Cantillon 1680—1734
伪造自己死亡的经济学家

在本书介绍的所有经济学家中,没有哪个人的生活比理查德·坎蒂隆趣事更多。他的生活充满了性、欺诈和谋杀。尽管他今天鲜为人知,但有人认为他才是经济学真正的开创者。他是看到世界巨大复杂性的第一人,并尝试找到使某些国家富裕而另一些国家贫穷的总体力量。

坎蒂隆的家族史可以追溯到很久以前。[1]1066 年,诺曼人亨利·坎蒂隆(Henry Cantillon)陪同征服者威廉入侵英格兰。他以自己的忠诚服务获得了英格兰德文郡(Devonshire)的一些土地,只不过在几十年内,他的家族移居到爱尔兰。16 世纪中叶,罗杰·坎蒂隆(Roger Cantillon)与伊丽莎白·斯图尔特(Elizabeth Stuart)结婚,意味着坎蒂隆家族与后来的英格兰王室建立了联系。17 世纪 80 年代,理查德·坎蒂隆出生于爱尔兰的凯里郡,那里很有可能是威廉·配第爵士的土地。

考虑到坎蒂隆丰富多彩的生活,他能有时间追求学术实在是一个奇迹。他是一位天才的银行家，在伦敦、阿姆斯特丹、布鲁塞尔、维也纳和加的斯（Cadiz）都有银行存款，但他长期居住在巴黎。不过他不在巴黎存钱，因为那里的税率太高。密西西比公司是法国在北美的一家垄断企业，坎蒂隆投机它的股票，大赚了一笔。他能说几种语言，游历世界各地，访问过巴西、日本和中国。[2] 他与孟德斯鸠、伏尔泰有深交。他是享乐主义者，其众多风流事之一是"与奥韦涅（Auvergne）公主相好"。[3] 正如他的传记作者安托万·墨菲（Antoin Murphy）记载的那样，他喜欢上好的香槟和勃艮第葡萄酒。

坎蒂隆还是一个唯利是图的人，习惯欺骗商业伙伴。与他共同投资密西西比公司的一些投资者感到自己的钱被骗了：在"泡沫"最严重的时候，坎蒂隆卖掉了在该公司的个人股份，却鼓励其他人继续购买。一位邻居称他是"一个放荡的人，与其名声不好的仆人有染"。他的出纳说坎蒂隆是"一个专横的人，除了把他辗碎以显正义和仁慈外，毫无用处"。1734年，坎蒂隆得到了应有的惩罚。在其位于伦敦西部高档社区阿尔伯马尔街的家中，他解雇了厨师。几天后，厨师借助梯子爬进房子，在口袋里装满贵重物品和现金后，把坎蒂隆杀死，然后纵火烧毁了整栋房子，试图让整件事看起来像是一场意外。坎蒂隆葬于圣潘克拉斯（St Pancras）老教堂。

坎蒂隆的手稿只有一份幸存下来，这便是《商业性质概论》（*The Essay on the Nature of Trade in General*），大概写于1728至1730年，但直至1755年才出版。在某种程度上，它是一部时代特色鲜明的作品。坎蒂隆在书中引用了两位普林尼[1]的著述以及《创世

---

[1] 两位普林尼，指老普林尼（Pliny the Elder）和小普林尼（Pliny the Younger），他们都是古罗马作家。

记》。正如一位学者所说，坎蒂隆更看重"两位优秀的教师：旅行和交易"。想要把一件事实写下来时，坎蒂隆往往会跳上自己的马车，亲自去察看。用一位传记作家的话来说，坎蒂隆"若需要获取或衡量某种信息，哪怕是极不重要的，他也会从欧洲的一端跑到另一端——他在欧洲的七个主要城镇都有自己的住宅"。坎蒂隆喜欢抽象理论，和威廉·配第爵士一样，他希望确认这些理论与现实世界具有某种对应关系。[4]

大步向前

很多经济思想史学家对坎蒂隆推崇有加。亨利·希格斯（Henry Higgs）是英国经济学协会[1]的创始成员之一，他认为"虽然有一些非常有价值的早期英文著作，比如约翰·洛克、乔赛亚·蔡尔德、托马斯·芒等人的著作……坎蒂隆的文章比其他任何一部著作都有说服力，它是'政治经济学的摇篮'。"而这句"摇篮"的引语出自痴迷坎蒂隆的威廉·斯坦利·杰文斯（William Stanley Jevons）（见第 15 章）。默里·罗特巴德（Murray Rothbard）从自由主义的角度称坎蒂隆为"现代经济学之父"。

坎蒂隆值得如此的赞美吗？可以肯定的是，他把经济当作一个系统来考虑。他问自己："如果我花钱，钱去了哪里？当它再次被花掉时，它又去了哪里？"但他的想法很少有更深入的发展。人们必须时刻警惕这样一种可能性，即历史学家和经济学家只是设法让自己显得聪明而已："你以为的由亚当·斯密率先阐述的那些基础的

---

[1] 英国经济学协会（British Economic Association），1890 年建立，1902 年获得英国皇室特许，成为皇家经济学会（Royal Economic Society，RES）。

经济理念，实际上是一个世纪之前由一位不知名的散文家发现的。"坎蒂隆等作家模棱两可、花哨的写作风格让历史学家从中发现他们喜欢的任何理论最初的低语——只要足够努力，就能找到。

在本书中，没有哪位经济学家像坎蒂隆一样为人所用，各种经济理论的创见都算到他的头上，只不过往往很是勉强，经不起推敲。有人认为他提出了"物价-黄金流动机制"理论，但该思想通常与大卫·休谟的联系更密切。有些作家甚至指责休谟剽窃了坎蒂隆。然而，用一位经济学家的话说，坎蒂隆的分析"技术性很高，有时难以捉摸"，但正如我们将在后文中看到的那样，休谟的论述是用浅白的英语写就的（见第6章）。坎蒂隆最初可能有这个想法，也可能没有，但是休谟是唯一一位绝对有这个想法的人，即使他的观点提炼自坎蒂隆有关这个问题的晦涩著作，那靠的也是他自身思想上的洞察力，这样的提取丝毫不逊于独立的创新。

尽管如此，坎蒂隆还是有一些真正革命性的思想的。也许是他最早提出地理因素会影响经济活动的理论。更重要的是，从坎蒂隆的著作中，人们可以清楚地看出他思考的方式像现代的经济学家。他认识到任何经济决策总是要权衡、取舍，并且发现有必要从现实世界的复杂混乱中抽离出来，以辨明因果。

地理位置很重要

先来看看坎蒂隆的经济地理学。这一主题涉及与地理有关的一些问题，比如为什么会形成城市，为什么特定的经济活动会发生在特定的地方。尽管最近情况有所改变，但传统上，经济学家不怎么考虑地理和土地。但在坎蒂隆看来，空间就是一切。

坎蒂隆认识到一个特定产品（比如一双鞋）的价格在各个地方各不相同，可以说一个地方一个价。这是因为把货物从一个地方运到另一个地方是需要成本的。坎蒂隆是一位葡萄酒商人，他交易的是最好的红葡萄酒和香槟，对此他有亲身经历。他曾经说："从勃艮第到巴黎的葡萄酒运输成本往往高于酿造勃艮第葡萄酒本身的成本。"

最近，经济史学家适当调整了坎蒂隆见解背后的思想，创造了与之相似的全球化的世界市场随时间变化的理论。从理论上讲，当易于从国外市场购买且运输成本较低时，同一种商品（如煤炭）在全球范围内的实际价格范围将比难以买到时小。概言之，国家间相同商品的价格差异可用于衡量世界的全球化程度。例如，凯文·奥罗克（Kevin O'Rourke）和杰弗里·威廉姆森（Jeffrey Williamson）的研究发现，在19世纪，随着第一波全球化的到来，不同商品的价格差有所缩小。

坎蒂隆也比别人更早地进行了城市经济学的研究。他解释说，经济活动地点的选定是为了尽量减少运输成本。坎蒂隆注意到，在由多个小村庄组成的地区，市场往往处于其中心地带。他说："逢集市日，村民会把自己的产品带到市场上出售，并购买他们需要的产品，这自然要比商人……把产品运到村庄容易得多。"他又说，在选址时，商人会选择靠近其他商人的交易场所，认为这可以为他们带来额外的好处。例如，他们可以交流并学会一些交易技巧。如今，经济学家称这些好处为"集聚效应"，阿尔弗雷德·马歇尔对它的探讨更为详细（见第18章）。

令人沮丧的科学家的哲学

在发展"机会成本"（opportunity cost）和"其他条件不变"（ceteris paribus）这两个经济理论的核心理念方面，坎蒂隆也发挥了重要作用。理解了这两个概念也就理解了经济学家思考问题的方式，即经济学家的大脑是如何运转的。

首先谈一谈机会成本。哈佛大学经济学教授格里高利·曼丘（Gregory Mankiw）说："若要得到自己喜欢的一件东西，我们通常必须放弃另一件自己喜欢的东西。决策就是在一个目标和另一个目标之间进行取舍。"上大学可能会让学生将来找到工资较高的工作，但在读大学期间，他们错过了那几年赚钱的机会，因此，可能需要过一段时间才能看出接受大学教育是一项物有所值的投资。只有把自己本来可做的事考虑进来，而不是只考虑当前所做之事时，你才有可能真正评估一个决定是否是好的。本杰明·富兰克林（Benjamin Franklin）说过一句令人难忘的话："一个人靠自己的劳动一天能挣10先令，却……有半天坐在那儿无所事事，尽管他在无所事事时只花了6便士，却不应该认为这是他唯一的花费。此外，他确实花掉了5先令，更确切地说，他扔掉了5先令。"这段话概括了机会成本的观点。

机会成本这个概念在坎蒂隆的脑子里挥之不去。回想一下年轻人上大学是否是一个良好投资的例子。坎蒂隆详细讨论了一个几乎完全类似的情况，即一项"工人的儿子"应不应该开始学徒生涯。在坎蒂隆的例子中，儿子"开始帮助父亲看管畜群、犁地或从事其他乡村劳动"。父亲有一个选择——让儿子去当学徒，从长远看，这应该会提升儿子的收入潜力。但在短期内，父亲肯定会失去儿子的帮助。"如此，儿子成了父亲的一个支出项，几年之内，他的劳作不会带来任何收益。"[1]坎蒂隆只是提出了问题，却没有给出答案。

坎蒂隆对经济学家所说的"其他条件不变"也有自己的看法。为了确定一件事如何影响另一件事，经济学家通常把世界简单化。假设一位经济学家正在思考提高最低工资对失业的影响——决定失业率的因素有很多，包括人口的技能水平和经济的整体增长。然而，经济学家只想关注其中的一种因果关系：最低工资对失业的影响。

经济学家在"其他条件不变"的情况下评估影响。[5]人们常说：假设人口的技能水平不变，也没有自然灾害，经济保持如今的增长速度，诸如此类。蒂莫西·泰勒（Timothy Taylor）说："经济学家往往一次只讨论一个因素，而不是在不同因素之间跳来跳去。"[6]"其他条件不变"是向经济学学生授课时首先要讲的概念之一。

在《商业性质概论》中，坎蒂隆至少使用了5次"其他条件不变"这一短语。其中，他在研究地理因素对进口成本的影响时使用过。坎蒂隆认为，"在邻近海洋和有河流流入首都的国家，若其他条件不变，其农产品的价格会低于远离海洋和河流的国家，而且与距离远近成比例，因为水路运输的成本低于陆路运输"。坎蒂隆并不排除这样一种可能性，即在海运条件差的国家，其产品价格低于仅靠陆路运输的国家，但他确认了地理位置与价格之间的因果关系。

对现代读者来说，这样的想法听起来几乎没有什么革命性的意义，然而在坎蒂隆所处的时代，这是向前迈出的一大步。当面对诸如政治之类的"外部"因素时，坎蒂隆坚持将它们放到一边，"以免

---

[1] "儿子成了父亲的一个支出项"指的是，儿子不擅长干农活，因此，在家也帮不了父亲多少忙；而若去当学徒，在几年的学徒期内拿不到工资，因此，父亲只能在儿子身上花钱，几年之内得不到回报。

使我们的问题复杂化"。正如弗里德里希·哈耶克所言，坎蒂隆采用了"分离抽象法……真正精湛的技巧……他反复排除偶然情况的影响，以免使已经很复杂的问题变得过于复杂。"在讲述大卫·李嘉图的第9章，我们将会看到这种方法变得很有影响力。利用"其他条件不变"的方式来思考，会让我们相对容易地辨明因果。

受坎蒂隆的影响，经济学成了一门比较中立的学科。默里·罗特巴德认为，坎蒂隆之前的经济学家"是一些特殊的辩护人，他们的分析被用来为政治目的服务，要么是资助特定的利益群体，要么是为了加强国家的权力"。坎蒂隆扮演了一个不同的角色。他认为自己是一位公正的经济观察者。比如，他对是什么决定了人口增长的问题感兴趣，但对人口"应该"有多少的问题不感兴趣——那是由人民自己决定的。"拥有大批贫穷、缺衣少食的居民与人数较少但生活无忧，孰优孰劣？这是……一个跟我要探讨的主题无关的问题。"

也许正是因为坎蒂隆的见解在今天看来无非是常识，以至于今天几乎没有人听说过他。他的法语相当差，这使他在最初写作《商业性质概论》时很是吃力。一位评论家抱怨这本书"文体有缺陷，主题枯燥乏味"。有些经济学家认为，坎蒂隆缺乏名望的另一个原因是亚当·斯密将他最好的想法窃为己有。历史学家约瑟夫·斯彭格勒（Joseph Spengler）写道："在18世纪的最后几年里，坎蒂隆的名字已经与其思想剥离了——即使不是全部，也是大部分。顺便说一句，在这个世纪，作家不会因承认其灵感的来源而闻名。"

领先一步

但是，坎蒂隆并不会因为自己的名声不佳而抱怨这个世界。他笑到了最后。他真的是在伦敦上流住宅区的家中睡觉时被谋杀的吗？逃跑的厨师一直没有找到。三名仆人被拖到中央刑事法庭，王国政府指控他们"袭击他，用双手和双脚攻击他的胸部、腹部、腹股沟和私处，踢他，打他，使其受到了严重的致命伤，全身青肿"。然而，他们很快都被无罪释放了。据安托万·墨菲猜测，我们的男主角可能为了逃避愤怒的商业伙伴而上演了一出假死之戏。大约在那场火灾发生6个月后，一个神秘而又躲躲闪闪的人出现在苏里南（Suriname），他叫舍瓦利耶·卢维尼（Chevalier de Louvigny），随身带着一大箱理查德·坎蒂隆先生的文件。

5

弗朗索瓦·魁奈
François Quesnay 1694—1774
自由放任主义的源起

即使今天听说过"重农学派"的少数人也往往认为这个学派不过是历史上的奇闻。这群法国思想家自称哲学经济学家（*philosophes économistes*），只在18世纪中期活跃了很短的一段时间，并且主要以奇怪的观点而闻名：农业是一国财富唯一的真正来源。在他们看来，制造业或工业根本不重要。

然而，重农主义者，尤其是他们的领袖弗朗索瓦·魁奈可提供的不仅仅是关于农业的奇谈怪论。[1] 他们的著作也许是把经济看成是一个科学的数学体系的第一次尝试。其中，以魁奈的《经济表》（*Tableau Economique*）最为著名。重农主义者的研究与"自由放任主义"的概念密切相关，它是强调政府干预最小化的经济管理方式。理解重农主义者想要做的事情，是更广泛地理解18世纪法国政纲的途径。

用一个共同的名字将思想家划分为不同的群体经常遭到被分类

者的拒绝。例如，重商主义者并非一个真正有凝聚力的团体。重农主义者则不同，他们接受了这个词，将之应用到自己的著作，认为自己就是属于这一"派"的（事实上，当时有人指责他们只是某个学派的一部分）。而弗朗索瓦·魁奈是他们无可争议的领袖。历史学家托马斯·尼尔（Thomas Neill）写道："这个群体中没有人自命不凡，每个人都声称只是在普及魁奈的思想。"

1694年，魁奈出生于离巴黎不远的蒙福尔拉莫里（Montfort-l'Amaury），他最初的职业是医生。当亚当·斯密带着他的学生巴克卢公爵（Duke of Buccleuch）到访法国时，公爵病了，被派去诊治的医生就是魁奈。他是路易十五（Louis XV，1710—1774）的4名医生之一，也是路易十五的官方情妇[1]蓬帕杜夫人的医生（用一位传记作者的话来说，他在医疗服务方面是"小心周到的"）。尽管住在法国，魁奈还是伦敦的英国皇家学会的会员，促进了一些重要的医学进步。在魁奈生活的时代，放血是一种常见的治病方法，他写了一本关于放血的重要著作。1731年，法国皇家外科学院成立，魁奈当选为秘书。

痴迷农业

在60多岁时，魁奈将注意力转向了经济问题。重农主义者经济观的核心在于，农业是唯一的价值来源。1897年，伦敦经济学院的亨利·希格斯在一次演讲中尝试用简单的术语解释重农主义的含义。

---

[1] 古代欧洲的婚姻制度遵从基督教，提倡一夫一妻制，欧洲皇室和贵族离婚受严格的条件限制，而且必须由教会同意。此外，贵族婚姻多半为政治联姻，因此，欧洲各国贵族时有包养情妇的行为。君主最爱且拥有贵族出身的情妇为官方王室情妇（official royal mistress），否则即是王室情妇（royal mistress）。

它可以归结为"如果土地所有者将他们的财产封闭起来,不允许任何人在土地上劳作,那将没有食物和衣服。因此,在某种意义上,一个国家的每一个居民都依赖于土地所有者。"

换句话说,所有的经济活动都始于农业。若是换一种思考方式来说,那就是如果人们没东西吃,就什么事也不会发生。重农主义者将工业和制造业称为"非生产性"经济部门,将农业称为"生产性"经济部门,而非生产性经济部门不仅依赖生产性部门的原材料,从某种意义上,也依赖从事农业的农场工人赚到的钱,因为他们用这些钱买椅子、桌子和衣服。[2] 因此,为了促进整体的经济繁荣,蓬勃发展的农业部门至关重要。

魁奈提出了另一个支持强势农业部门的主张。他指出,农产品需求相当稳定,用现代经济学的术语来说,即需求对价格的影响是"无弹性"的。无论发生什么,人们都需要吃饭,在削减食物开支之前,人们会削减几乎所有其他方面的支出。因此,魁奈认为,如果一个国家面临着是出口食品还是奢侈品的选择,前者始终是更好的选择。他说:"当经济不景气时,奢侈品交易会减少,工人会发现自己没有面包,也没有工作"。

重农主义者对农业的痴迷可能会令人觉得他们很傻。很多富裕的国家并非是发展农业才致富的。例如,在新加坡的GDP中,农业的占比为0。然而,在18世纪的法国,"农业是最好的"这个论点听起来是那么言之有理。它甚至不会给人们留下"重农主义"理论的印象,因为它是古典时代和中世纪原始经济思想的核心内容。认识魁奈的亚当·斯密似乎也持类似的观点。托尼·里格利(Tony Wrigley)认为,斯密"坚持认为提升一国农业能力的投资必是最为有益的资本利用"。

没抓住要点

但你一定会问的是，重农主义者真的相信他们自己的理论吗？这些理论之所以产生，关键背景是当时的法国已经经历了几十年的重商主义的折腾（见第 1 章）。重农主义者注意到重商主义正在对他们的国家造成损害，希望国家摆脱那种观念。他们需要一个终极的理论来说服当权者做出某种改变。

18 世纪 50 年代和 60 年代，法国当权派为他们的国家变得虚弱无力而忧心忡忡。他们在奥地利王位继承战争（1740—1748）中彻底失败；七年战争（1756—1763）通常被认为是第一次全球战争，对法国而言，结果更加糟糕。在一定程度上，正是由于这些灾难，法国政府一直处于破产的边缘（事实上，在 18 世纪，法国政府曾多次拖欠债务）。让-巴蒂斯特·科尔贝的重商主义政策无疑雪上加霜。法国在 17 世纪的人均生产总值增长率几乎为零。据估计，在公元 1700 年的前 30 年间，法国的 GDP 减少了一半。法国人不无羡慕地望着英吉利海峡对面的英国——邻居的日子过得似乎还不错。英国海军逐渐占据了全球主导地位，其经济也在蓬勃发展。

法国当权派考虑的是如何让国家重回正轨。正如托马斯·尼尔指出的那样，18 世纪 60 年代，"大量新期刊问世，并获得了政府的许可，专门刊载有关经济和财政主题的文章"。《商业、农业和财政评论》（*Gazette du commerce, d'agriculture et des finances*）成立于 1763 年，"其简介声称它获得了 30 年探讨经济课题的独家特权"。似乎没有人意识到让一家倡导自由贸易的杂志拥有垄断地位的讽刺意味。

重农主义者是这场争论的重要组成部分。他们清楚地认识到出了什么问题。有人认为,法国已经忘记了约翰·洛克等早期思想家的教训,他们认为农业是一切财富的基础。在让-巴蒂斯特·科尔贝的不良影响下,政府反而接受了重商主义学说。该学说主张财富实际上是用积累了多少黄金来衡量。这意味着要给制造商提供补贴,因为他们可以出口大量商品,收获外国的大量黄金。它还暗示了限制谷物出口[3]以压低其价格,从而降低制造业老板的成本。法国开始生产大量无意义的奢侈品。但是,人为压低价格的做法阻碍了农业的发展。总而言之,制造商的"货币"利益是以农民的土地利益为代价的。这导致了法国的毁灭。

大约在同一时间出版的一期《农民杂志》(*Farmer's Magazine*)发表了一篇文章,表明了法国农业的衰落程度:"1621年,英国人抱怨我们(法国)向他们送去了大量价格低廉的小麦,以至于他们自己的农产品无力竞争……当开始实行禁止谷物出口的制度时,我们的农业继续繁荣,(一直持续到)路易十四时期,继而开始实行一种制度——禁止粮食出口。"这不是法国农业的唯一问题。魁奈厌恶农业的"分益佃农"制度,这是大革命前在法国占主导地位的小农分成制度,效率极低,主要原因是土地使用权缺乏保障,农民几乎没有动力投资效率更高的耕作方法。与此同时,赋税也很重,亨利·希格斯说:"农民家门口,无数的费用……等待着交给其封建领主。"

有些事情必须改变。重农主义者认为,法国具有地理优势,可以使其再次成为农业强国。魁奈谈到法国的"通航河流及其广阔而肥沃的土地"。正如艾伯特·米勒(A. L. Mueller)所言:"重农主义者一致认为,农业普遍处于低迷状态,主要是由于重商主义政策用错了地方造成的,尽管如此,这个国家显然仍是一个在农业生产领域具有优势的国家。"1821年出版的《农业百科全书》(*Encyclopaedia of Agriculture*）指出："法国是欧洲最适合发展农业的国家,其土壤的多样性不亚于气候的多变。"

魁奈看不出法国的农业为何不能重新达到1621年令人目眩的高度。法国将再一次迫使英国人抱怨他们的出口产品太便宜了。一方面,分益佃农制度必须消失,取而代之的是大规模的农业。法国不得不接受食品的自由贸易。魁奈认为,对外销售将"支持粮食价格",国际价格高于而不可能低于农民可以获得的国内产品价格。用米勒的话说,自由贸易是农业成功的先决条件,并"使农产品价格更加稳定和普遍较高,从而带来产量和利润的增加,以及比以前更大规模的再投资"。

认为"重农主义者只重视农业,因此重农主义者是愚蠢的"并没有抓住要点。其实,魁奈及其追随者有一个明确的政治目标,那就是设法促使法国政府帮助一个显然正在苦苦挣扎的行业,以改善法国的经济状况。[4] 亚当·斯密认为重农主义的兴起几乎是对科尔贝主义的一种情绪化反应,这在一定程度上解释了为什么它是一个如此极端的理论:

> "如果杆过于向某一方向弯……为了使其变直,必须将它向另一方向弯相同的角度。"那些提出把农业作为国家收入和财富唯一来源的法国哲学家似乎也采纳了这句谚语所说的办法。在科尔贝先生的方案中,与乡村相比,城镇的工业肯定被高估了,因此,在他们的体系中,它似乎必定要被低估。

早在坐下来写经济学作品之前,魁奈就已经认定,法国的农业需要提振。他设计的理论与他已经得出的结论相符。

无论该理论的起源是什么，它都有明确的政策含义。从1763年开始，法国政府确实放开了国内和国际的谷物贸易。[5] 1774年，魁奈毫无遗憾地离世了。[6]

真相之表

因此，魁奈首先是一位经济活动家，但他也喜欢提出理论。他的《经济表》尝试以图解的形式展示货币在一个经济体中是如何流动的——类似血液在身体中的流动（见下图）。[7] 总而言之，这幅图显示了经济是如何运行的。农民是经济体中最终的价值来源，他们花钱，这些钱落入地主和制造商的手中。然后地主和制造商花掉这些钱，其中一部分又回到了农民手中。这最终促成了一个经济体的资金循环流动。把这一流动画成图表是为了让整个过程更直观。

看起来很简单？尽管魁奈尽了最大的努力，仍然难以让人理解这张表。人们撰写了大量的学术论文，试图准确解释其观点，但很少有讲得明白的。该表也不包括国际贸易，因此，它只代表了经济活动的一部分。

该表尽管复杂难懂，但事实证明，它很有影响力。熊彼特承认一直在努力理解它，最终以称魁奈是有史以来最伟大的四位经济学家之一作结。[8] 1941年，经济学家瓦西里·列昂季耶夫（Wassily Leontief）创建了美国经济的投入产出账户，他说自己遵循的正是魁奈的方法。

魁奈对马克思也产生了重大影响。马克思称《经济表》"毫无疑问表达了最杰出的政治经济学思想，至少在当时是的"。马克思最终创建了他自己版本的经济表（他很自信，认为自己的版本更好，因此才说"至少在当时"是最好的）。米拉博伯爵奥诺雷·加布里埃尔·里克蒂（Honoré Gabriel Riqueti）是法国大革命的领袖，也是世界上最"出色"的奉承者之一，他称魁奈的《经济表》是世界上最重要的三大发现之一（另外两个是货币的发现、印刷术的发明）。

为什么该表被认为很有影响力？马克思喜欢它肯定是一方面的原因，另一个可能的解释是它与"经济乘数"相关，而经济乘数是凯恩斯主义经济学的一个核心要素。朴素的乘数理论是这样的：如果某人花了 1 美元，那么，有人就会得到 1 美元；然后这个人花掉这笔钱，钱又流向了另一个人，然后那人又把钱花掉……以此类推。因此，对整个社会而言，1 美元的价值可能远远超过 1 美元。这就引出了凯恩斯主义的政策建议，即经济增长缓慢时，政府可以通过给钱袋子松绑来刺激社会的整体支出。"乘数"意味着政府最初的额外支出最终会产生更大的影响，实现某种"倍数"的增加。经济学家对乘数究竟有多大感到困惑，但有一点似乎很清楚——乘数的大小因国家和时期的不同而不同。

在魁奈的《经济表》中，很明显能看到一种新式乘数。地主、农民和制造商是经济中仅有的三个阶级，他们交换商品和货币。这些交易不仅满足了当下的需求，还为这三个阶级在第二年发生另一轮的交换提供足够的资金。魁奈一开始假设有 1000 里弗可供消费（在 781 年至 1794 年间，法国的货币是里弗）。在该表的一个版本中，他假设地主花了 1000 里弗，其"生产性"支出和"非生产性"支出各占一半。这一过程一直继续下去，历史学家沃尔特·埃尔蒂斯（Walter Eltis）指出，其结果是"地租的支出得到了 2 个乘数"（乘数的变化取决于对支出分配的假设）。关键是，魁奈或许是明确

魁奈的《经济表》(1923年，英文版)

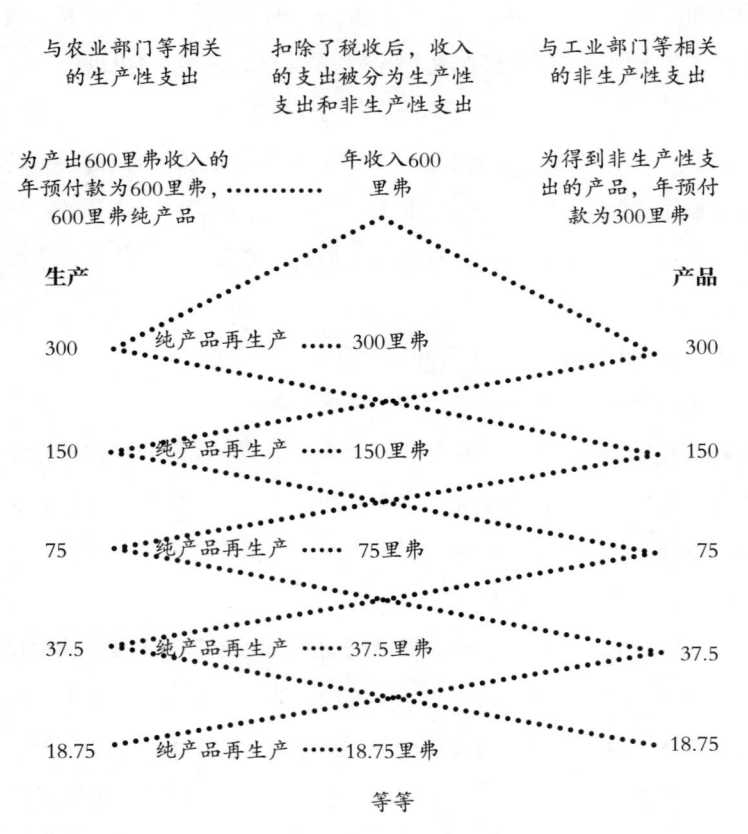

与农业部门等相关的生产性支出	扣除了税收后，收入的支出被分为生产性支出和非生产性支出	与工业部门等相关的非生产性支出
为产出600里弗收入的年预付款为600里弗，600里弗纯产品	年收入600里弗	为得到非生产性支出的产品，年预付款为300里弗

生产　　　　　　　　　　　　　　　　　　　　　　**产品**

300　　……纯产品再生产……300里弗　　　　　　　　300

150　　……纯产品再生产……150里弗　　　　　　　　150

75　　……纯产品再生产……75里弗　　　　　　　　75

37.5　　……纯产品再生产……37.5里弗　　　　　　　37.5

18.75　……纯产品再生产……18.75里弗　　　　　　　18.75

等等

再生产总值……除每年600里弗的支出和农民原有预付的利息300里弗（它们使得土地重新投入生产）之外，收入为600里弗。如此，除了减税和每年再生产所需的预支等，再生产达到1500里弗，包括600里弗的收入，这是计算的基础。

指出支出引发其他支出的第一人。

但这并不是该表产生巨大影响的最主要原因。它代表了人们在经济思考方面向前迈进了一步。

自然的力量

中世纪经济学的研究范围非常狭窄。所有经济生产的主要目的都是为了使君主致富，进而使上帝致富。大部分的税收被用来购买君主的长袍和天鹅，而不是为普通人提供教育或医疗等公共产品。只要能避免革命，君主就不会关心臣民的生活是好是坏。他们经常欺骗自己的人民，为自己攫取更多的好处。

相比之下，魁奈的《经济表》表明世界已经到达一个重要的转折点，即出现了一个关于经济，关于政府应当扮演什么角色的新概念。实际上，魁奈画这张表的意图是，"有一种叫作'经济'的事物，它有自己的规律，完全可以加以分析。"

这种关于经济的愿景对政府也有影响。政府的收入不仅是其税收政策的结果，还取决于一国经济的整体表现。经济并不是一种随机吐钱的机器，今年吐出很多黄金，下一年却什么也没有，而是只有管理得当，它才会每年都吐出大量黄金。谨慎管理一国的经济符合君主的利益，在使臣民变得更富有的同时，君主自己也会更加富有。

此处的"谨慎"是何意？值得一提的是，魁奈首先是一名医生。魁奈医生认为经济与人体相似：有时它需要修复，但若是可能的话，就应该让它自己运行。强迫它处于一种不自然的状态肯定是不适当的。就像过度肥胖不利于健康一样，一个经济体若负担过多的税收和承受过于严格的监管也不利于健康。值得注意的是，"重农主义"（Physiocracy）的字面含义是"无为而治"（rule by nature）。

政府如果愿意，可以无视这些"规律"。但他们付出的代价是更糟糕的经济表现。例如，他们可以强迫农民以低于市场的价格提供粮食，那么农民最终会完全不生产粮食。政府可以对国际贸易征税，以增加税收，但这将使经济不健康，最终反而会降低总体税收收入。《经济表》诱人的逻辑在于，为使整体效率最大化，政府应尽可能少干预。魁奈的一个门徒文森特·古尔奈（Vincent de Gournay）主张："顺其自然吧，地球自会旋转！"

并非完全是狂热的

魁奈的经济思想体系为某些政府干预留了空间，但那只是最基本的干预。就像医生给病人开处方时可能会要求病人吃蔬菜和加强锻炼，魁奈认为政府建立能促进贸易有效进行的交通网络是一个好主意。魁奈的追随者之一杜邦（Dupont）断言："只要稍加思考，人们便能看到至高无上的自然法则包含了经济秩序的基本原则。"在接下来的岁月里，无数信仰自由市场的经济学家提出了类似的观点，重农主义者关于农业的观点很快就被抛弃了。事实证明，他们关于自由市场经济好处的论点很是诱人，而且经久不衰。

6

大卫·休谟
David Hume　1711—1776
为什么重商主义是错误的？

　　他是有史以来最伟大的用英语写作的哲学家。他认为理性是情感的奴隶。他对史学做出了巨大贡献，其中最著名的贡献是他在1754至1761年出版的巨著《英国史》(History of England)。他是一个坚定的无神论者，有力地驳斥了支持上帝存在的论点。

　　鲜为人知的是，休谟也思考过经济学。大卫·休谟是亚当·斯密的密友，两人曾就经济问题进行过细致的讨论。不过，在19世纪，休谟有关经济方面的著作几乎被忽略了。约瑟夫·熊彼特认为，休谟的研究虽然包含了多种"力和福祉"，但"阐述的是之前研究的结果"，没有"任何新东西"。一位历史学家指出，休谟的经济学讨论是"随意而为的"。休谟在哲学、政治和历史领域的研究大放异彩，也许正因如此，相形之下，他在其他领域的研究就黯然失色了。

　　然而，到了20世纪，经济学家再次意识到休谟的经济学著作的重要性。在人们的记忆中，最著名的经济学家之一米尔顿·弗里德曼曾这样评价休谟的通货膨胀理论："我们只在两个方面超越了休谟，其一，我们现在对相关的量化幅度理解得更加到位；其二，我们只比休谟前进了一步。"同样是20世纪重要经济学家的罗伯特·卢卡斯（Robert Lucas）曾将1752年出版的《论货币》（*Of Money*）和《论利息》（*Of Interest*）两本著作称为"现代货币理论的开端"。弗里德里希·哈耶克指出："大卫·休谟（与理查德·坎蒂隆一起）开启了现代货币理论的发展之路。"[1]

1711年，休谟出生于爱丁堡一个并不特别富裕的家庭。12岁左右，他入读大学，但发现大多数课程都很无趣。20多岁时，休谟对一位朋友说："在教授那里学不到的东西反而在书中遇到了。"他说到做到，开始了积极的自学之路。由于用力过猛，他不久就患上了严重的精神疾病。有位医生把休谟的病诊断为"学者病"。

1750年左右，休谟第一次遇见亚当·斯密。休谟比斯密年长12岁。两人相识时斯密大学毕业不久，还未谋得大学的教职。历史学家对斯密和休谟为什么成为朋友仍然感到困惑。休谟是一个喜欢享乐的人，以举办奢华的宴会而闻名。在宴会上，他会吹嘘自己"有很高的烹饪天赋"。蒙蒂·皮东（Monty Python）的歌曲《哲学家之歌》（Philosophers Song）[2]则称"大卫·休谟比威廉·弗里德里希·黑格尔能喝酒"，而斯密则是一个安静、心不在焉的家伙。但在谈到休谟时，斯密表示他"正在接近一个德智完美之人的想法，这也许是人类脆弱的天性所承认的"。1776年，就在《国富论》出版后不久，斯密在休

---

[1] 弗里德曼的话针对的是费雪效应和自然率假说。纳入预期通胀率的变化，而不是价格水平的变化，改进了之前的理论，所以说"我们只比休谟前进了一步"。

[2] 《哲学家之歌》，又译作《哲学家饮酒歌》（Philosophers Drinking Song），唱的是几位哲人饮酒的事。

谟临终之际前去探望，尽力安慰他。一些历史学家推测，斯密和休谟是一对情侣，尽管加文·肯尼迪（Gavin Kennedy）称这个想法"更像是小报的捕风捉影，而非证据确凿"，休谟和斯密有着极其深厚的友谊却是毫无疑问的。

划清界限

为什么休谟被认为是"异教徒"？因为他一次又一次地提出听起来几乎是无神论的观点。他著名的《人性论》（*A Treatise of Human Nature*，1739—1740）尤其具有争议性。与当时的其他国家相比，苏格兰是一个进步之地，但也有局限性。休谟被授以大学教授之职是不可思议的。有些人努力阻止爱丁堡大学聘用他，其中就有斯密的老师弗朗西斯·哈奇森。就宗教而言，即使是斯密，也与休谟的观点保持距离。

休谟的经济著作也是如此。说句公道话，他写的东西并非都聪明绝顶。他似乎赞同后来使托马斯·马尔萨斯家喻户晓的人口增长的简单概念。他对银行的看法也与当今的经济学主流背道而驰。他对价值的看法也是如此，就和当时的大多数经济学家一样，他认为价值由劳动力的投入决定。

休谟讨论公共财政的著作写得也很差。他写这些书时正处于西方经济史的一个关键时刻，一言以蔽之，那就是公共债务拥有了重要的经济意义。17世纪90年代，英国政府被认为是世界上首批可靠的借款国之一。1699年到1750年是（后世研究）可获得数据的最早的年份，数据显示，英国的债务与GDP之比在这段时间从20%上升至76%。[2] 借来的钱部分地用于建设海军，从而巩固了英国彼时作为世界最强大国家的地位。

休谟被所发生的一切吓坏了。在 1752 年出版的《论政府信用》（*Of Public Credit*）一书中，他列举了公共债务的累积必然导致的各种问题。比如，为筹集偿还债务的资金，穷人将被课以重税；持有政府债券的人可以坐着无所事事，等待偿付款滚滚而来，这是不道德的。在 1769 年的一封信中，他说自己希望"政府破产"。当然，这可能是一句笑谈。他担心英国会"破产"。正如历史学家约翰·波科克（J. G. A. Pocock）所言，休谟深信"国债的能量之大，足以颠覆整个社会结构"。

如今，保守派利用休谟的观点来支持更为紧缩的财政政策。不过，休谟关于信用的理论经不起推敲。他并没有真正超越"债务有害"这一概念。当然，英国并没有破产。有证据表明，英国政府对其公共债务的管理相当谨慎，事实上，这可能为英国随后几十年的经济发展奠定了基础。因此，波科克认为休谟关于公共财政的观点"阻碍了其对经济的思考"，这一点无疑是正确的。

越来越好

如果这些是休谟对经济学的唯一贡献，他的名字也就不会出现在本书中。休谟的货币理论使他成为一位伟大的经济思想家。其基本理念是"货币中性"，它没有听起来的那么复杂。休谟提出的关键问题是"金钱和财富是一回事吗？"

休谟时代的多位作家清楚地表示：这个问题的答案是肯定的。重商主义的最极端版本是以金银为本位的，笔者称之为"重金主义"，即一个国家拥有的黄金和白银越多，就越富有（用当时的术语来说，黄金白银就是"铸币"或"硬币")。各种政策建议都是由这个结论衍生而来的。最重要的是,一个国家必须实现贸易顺差,即出口超过进口。贸易顺差意味着流入该国的黄金多于从该国流出的黄金。随着铸币储存量的增加,国家会变得更加富有——就这么简单。按照这种逻辑,全球贸易体系基本上是零和的:对应每一个存在贸易顺差的"赢国",必定有一个存在贸易逆差的"输国"。

休谟不同意重金主义者的货币理论,也不同意由此得出的结论。他认为一国之财富与一国之金钱的数量完全是彼此独立的。一个国家的财富体现于它的居民能消费什么,比如食物、衣服和奢侈品;货币只是促成了这些物品的交换而已,它"只是……评估或估算……劳动力和商品价值的一种手段"。休谟说:"钱多钱少无关紧要,因为商品的价格总是与大量的资金成比例的。"历史学家对休谟是否是真正提出这一观点的"第一人"争论不休。约翰·洛克和威廉·配第爵士也有不错的主张。然而,很明显,休谟比任何人都更好地阐释了这一点。

该理论大致是这样的[3]:设想一个海盗带着从国外掠夺来的一大袋金子出现在英国。他花钱购买食物、饮料和衣服,从而增加了这个经济体中的货币存量。现在这个经济体中有更多的钱追逐与之前相比数量不变的商品和服务。海盗出现的结果并不是英国总体上生产了更多的商品和服务,而是商品和服务的平均价格上升了。

对于现代经济学家,尤其是政治上的右翼经济学家来说,这是一个至关重要的理念。米尔顿·弗里德曼等经济学家认为,货币供应的增加不会带来进一步的繁荣。这与上世纪70年代发生的各种争论联系密切,当时货币供应快速增长,同时,失业率和通胀率居高不下。源自休谟的理论为以下论点提供了理论支持:降低失业率的唯一途径是改革劳动力市场。

经济学家仍在为货币数量论争论不休。但人们普遍认为，过度且不可逆转地印钞将导致通货膨胀，而不是仅仅促使商品和服务的生产扩大。看看20世纪20年代的魏玛德国、21世纪初的津巴布韦以及21世纪第一个十年末期的委内瑞拉，它们的遭遇不言而喻。

历史学家罗伯特·麦吉（Robert McGee）正确地区分了阐释货币供给与价格关系的"初期粗糙的"理论和"后来复杂的"理论。刚才概述的就是"初期粗糙的"理论：货币供给的增加会迅速波及整个经济体，对生产没有影响，但对通货膨胀影响甚大。休谟真正相信的是"后来复杂的"理论。首先，他认为货币供应量的一定增长不会导致价格的成比例增长，因此，货币存量增长5%不会导致价格上涨5%。比如说，它有可能会导致物价上涨3%。而且，他认为这也不会立即发生。

休谟的理论对于收入和财富的分配也有重要的启示。回想一下海盗的例子。用金子购买物品时，在当前的价格水平下，海盗是沾光的。在这个过程的最后阶段，获得金子的人必须以新的价格将其花出去。所以，海盗手中的金子比几天后收到它的人手中的金子购买力更强。

对重商主义的致命一击

休谟的思想对国际贸易产生了重要影响，这一点显现在一个如今与休谟普遍相关的物价与现金流动机制。

休谟在1749年写给给孟德斯鸠的一封信中首次阐明了他的物价与现金流动机制，并在1752年出版的《论贸易平衡》（*Of the Balance of Trade*）一书中进一步阐述了这一观点，从而表明重金主义者的永久贸易顺差目标不仅愚蠢，而且不可能实现：没有哪个国家能够长期拥有相对于其他国家的贸易"优势"。

缘何如此？如果一个国家的出口大于进口，意味着流入该国的黄金多于从该国流出的黄金。[4] 换句话说，随着时间的推移，这个国家正在积累黄金。回想一下休谟关于黄金和价格水平的理论。由于黄金的流入，出口国的价格水平将会上升。不断上涨的物价意味着该国的生产商未来将需要更多的黄金才能交换他们所需的商品。例如，椅子制造商曾经乐意以 1 枚金币的价格卖一把椅子，但现在他们需要 2 枚金币，部分原因是他们购买的其他物品的价格都上涨了。

椅子制造商要价过高，从而降低了其产品在国外市场上的竞争力。但是，他们同时也腰缠万贯，愿意从国外购买更多的东西。这种情况在整个经济体中普遍存在。结果是，出口下降，进口增加。

对于原本存在贸易逆差的国家来说，情况正好相反：由于黄金的减少，他们的商品在国外变得更有竞争力，因此其出口上升。因此，全球贸易恢复了平衡。玛格丽特·沙巴斯（Margaret Schabas）和卡尔·温纳林德（Carl Wennerlind）不无诗意地说道："就像海洋一样，金钱……总是浮在海平面上，飘向出口条件最有利的国家。"[5]

休谟关于金钱的著作有意义吗？首先要指出的是，在现实世界中，事情并非如他所述。部分原因在于休谟没有考虑到现实世界的复杂性，或者存在他还不知道的复杂性。19 世纪，英国成功地保持了相当稳定的贸易顺差，这似乎违反了休谟的自我调节理论。从英国流向其庞大帝国的投资抵消了其出口所获的资金流入。而在如今更加开放的全球资本市场中，各国几乎可以无限期地维持巨额贸易逆差——前提是它们能够借到抵消逆差所需的资金。

尽管如此，这在当时还是休谟的一个重要见解。正如罗伯特·福尔马伊尼（Robert Formaini）所言，休谟"提出其黄金流动机制的部分原因是诋毁保护主义和重商主义学说"。的确，正中心脏。重金主义的重要目标是积累黄金，而积累黄金最终会弄巧成拙，因为随着时间的推移，积累黄金的国家只会变得越来越缺乏竞争力。

什么，没人引用？

还有一个谜没有解开。如上所述，亚当·斯密是休谟的好朋友，所以，两人一定讨论过这一理论。在《国富论》中，斯密似乎接受了休谟关于货币"中性"的观点，他指出，"欧洲金银数量的增加及其制造商的增加……彼此之间几乎没有任何自然联系。"事实上，斯密在一个系列演讲中更进一步地指出："休谟先生……非常巧妙地证明了……任何国家积累的货币超过了其对应商品的比例，商品价格就必然会上涨。"

《国富论》尽管有明显的反重商主义意味，但是亚当·斯密在其中几乎没有提及物价与现金流动理论。为什么没有？历史学家弗兰克·彼得雷拉（Frank Petrella）可能给出了最合理的解释。首先，"物价与现金流动"的观点似乎表明经济增长是一种自然的自我修正过程——任何在短期内发展良好的国家都在播下经济放缓的种子。正如休谟所言，"在人类事务中似乎存在一种自然之力，它会检视贸易和财富的增长，防止增长完全集中于一个国家。"斯密的《国富论》讲的是劳动分工的奇迹如何使人越来越富有，他怎么可能接受一个看起来如此悲观的理论呢？

此外，若更加仔细地研究休谟的理论，我们就会发现其中确实存在一些重商主义的底蕴。毕竟，休谟接受了在黄金积累和价格上涨之间可能存在时滞的观点。他说："在获得货币和价格上涨之间，……不断增加的金银数量对工业有利。"重商主义者读至此，可能会想："啊哈，休谟承认积累黄金是好事一桩。"若如此，那么，以贸易顺差为目标就是一个良好的公共政策。

彼得雷拉认为，斯密不会冒险作出这样的解释，因为这可能"使重商主义理论和政策合法化"。正如本书讲述斯密时（见第 7 章）所论述的，《国富论》是对重商主义理论和实践的强烈抨击。斯密不想承认重商主义有任何可用之处。彼得雷拉令人信服地指出："斯密……将幼稚的和复杂的重商主义思想都归于他自己创造的一个稻草人，即'商业'或'重商'制度，而这个稻草人很容易被摧毁。"

那么，或许我们可以充分解释休谟如今几乎只是以哲学家而非经济学家身份为人所知的原因了。在促进人们对经济学的普遍理解方面，怎么估计《国富论》的影响力都不为过——被这本巨著忽视的理论总是会被其他人忽视，至少在一段时间内是这样的。休谟本不应该在经济问题上默默无闻，但不无讽刺的是，让世人不以经济学家称呼他的始作俑者竟然是他最好的朋友。

7

亚当·斯密
Adam Smith 1723—1790
伟大和错误的观念

若要找一个堪当资本主义代名词的人,非亚当·斯密莫属。对于该学科的学者来说,他是著名的"经济学之父",可能还是唯一一位家喻户晓的经济学家。2006年,英格兰银行(Bank of England)的官员决定将他的肖像印在20英镑的钞票上,理由是他不是一般的著名。当时的英格兰银行行长默文·金(Mervyn King)表示:"斯密对于人性、社会组织、劳动分工和专业化优势的深刻见解仍然是经济学的核心。"斯密最重要的贡献为1776年出版的《国民财富的性质和原因的研究》,简称《国富论》,它是有史以来最著名的经济学著作。据说玛格丽特·撒切尔曾常在手提包里装一本《国富论》。斯密到底究竟做了什么,以至于享受到如此的殊荣呢?

1723年,他出生在苏格兰东岸靠近爱丁堡的柯科迪(Kirkcaldy)。在他出生之前,父亲就去世了,母亲把他养大成人。幸运的是,他的童年生活幸福,而且他十分聪明。他的父亲在一个曲高和寡的小圈子里有所影响，而斯密则在一个激动人心的时代成长为一位成熟的思想家。工业革命始于18世纪60年代珍妮纺纱机的发明，当时法国和美国都在鼓动革命。苏格兰则是一个特别令人兴奋的地方，它至少有四个重要的学府：圣安德鲁斯大学、格拉斯哥大学、爱丁堡大学和阿伯丁大学，而英格兰只有牛津和剑桥两所大学。[1] 苏格兰的氏族制度[1]正在瓦解。[2] 格拉斯哥正从一个偏僻的小镇转变成为一个巨大的商业中心，始发自该市的船只遍布世界各地，它的商人赢得了西印度烟草贸易的领先地位。正如艾伦·麦克法兰（Alan Macfarlane）所说，"斯密生活在一座新兴城市，眼看着一个加尔文教徒的封建世界逐渐变成一个商业的资本主义国度"。用麦克法兰的话来说，斯密的著作"几乎带有自传的性质，（他在）尝试"描述和解释他周围发生的结构性的变化，《国富论》尤其如此。

彻悟的人生

斯密就读格拉斯哥大学时还是个少年。他师从弗朗西斯·哈奇森。作为一位自由主义哲学家，哈奇森的著作对美国宪法产生了影响。17岁时，因为获得了牛津大学的斯内尔奖学金（该奖学金至今仍存在），斯密搬到了南方的牛津。但他讨厌牛津大学。他认为苏格兰的大学要优于英国的大学，[3] 抱怨说："多年来，大部分大学教授甚至连装作教书的样子都不愿意装了。"这样的言论引起牛津同龄人的反感，其中就包括塞缪尔·约翰逊。斯密几乎没交到什么朋友，不

---

[1] 卡洛登战役（Battle of Culloden）后，为防止苏格兰高地人再度团结，1746年8月1日，英国国会通过禁令，废除苏格兰视为至高传统的氏族制度，禁止与之相关的聚会、族长权力、服装、信仰、音乐和活动等，苏格兰氏族文化从此消失。

久他就长途跋涉回到了苏格兰。

但他的学术生涯才刚刚开始。1752年,他成为格拉斯哥大学道德哲学系主任(政治经济学系主任之职直到1892年才设立)。1764年,他从大学辞职,担任巴克卢公爵的私人教师,随同公爵游历欧洲各地,并遇到了弗朗索瓦·魁奈,然后回到柯科迪,写出了《国富论》。后半生,他一直在爱丁堡担任海关官员。

人们很容易对斯密产生好感。他是典型的心不在焉的教授,一位同时代的人描述过他那"茫然若失甚至愚蠢的样子"。据说有一次,他穿着睡袍出去散步,陷入沉思,直到离开镇子好几英里才回过神来。还有人推测他给自己煮过一杯黄油面包饮料,并称那是他喝过的最难喝的一杯茶。他终生未婚,母亲陪伴了他一生的大部分时间。他的死亡不无戏剧性。1790年,他在临终前下令将其未完成的论文当着他的面付之一炬。

资本主义走向世界

斯密的第一部巨著《道德情操论》(*A Theory of Moral Sentiments*)于1759年出版(后来多次修订,直至他去世为止)。就和他其他的贡献一样,这本书不能被简单地归结为一种观点,它展示了一种思考世界的方式。正如斯密的传记作家杜格尔·斯图尔特(Dugald Stewart,1753—1828)所说,此书是"对人性各个方面的研究"。

这本书探讨了人是如何做决定的。它取名"道德情操论"并非无缘无故。它所陈述的最重要的方法是做"不偏不倚的旁观者",这个词语在书中出现了50多次。斯密认为人们会设想有一位在旁边看着他们的中立者,客观地理解和判断他们的行为。虽然旁观者是虚构的，但它却指引着我们的行为。斯密认为我们会寻求获得这位旁观者的认可，同时也指望它来帮助我们判断他人的行为。

读者往往误解了不偏不倚的旁观者的真正含义。乍一看，不偏不倚的旁观者其实是上帝的替身：一个向人们传播普遍道德规则的幽灵，而世人会根据这些准则推断出逻辑结论。但这并不是它的终极作用。相反，这个比喻试图表达别的概念。斯密称想方设法找到正确的行动路线是一件棘手的事情。没错，客观上可能有对错，但孰是孰非却很难分清。因此，需要做决定时，人们会试着设身处地站在别人的立场上想。"这样做合适吗？"我们会问自己，想象自己接受一群虚影的盘问——它们像是同行、裁判和面谈者的组合，并为自己的行为辩护。公正旁观者的概念精准地抓住了人们做决定时的"感觉"。斯密说："我们会尽力审视自己的行为，就像我们想象中其他公平公正的旁观者那样审视。"

借助头脑中隐约出现的公正旁观者，斯密意在表示人从根本上讲是社会人。正如他所说："倘若一个人在一个孤僻之地长大成人……他就不会去想自己是什么性格，也不会想自己的情感和行为是否得体或有什么过失。"道德判断根植于个人周围的事物：交往、友谊和家庭。斯密认为所有的道德都基于世俗，规范是由社会决定的。

当然，这是一个激进的论点，甚至，它仿佛步入了道德相对主义的轨道。保守的观点认为道德来自非世俗的人（上帝），而不是由社会决定的。虽然启蒙运动时期的苏格兰是一个相对自由的地方，但公然亵渎上帝或宗教的行为必然会招致社会的排斥。因此，斯密肯定会在表达论点时小心翼翼地斟酌措辞。多年前，他的老师弗朗西斯·哈奇森被指控为异端，但就像老师一样，斯密最终提出了相似的观点，用哈奇森的学生的话说，即"道德之善先于任何对上帝的意志或律法的认知"。斯密认为某些事情之所以是好的，乃是因为它是好的，而不是因为上帝说它是好的。

大头针工厂

斯密最著名的著作是《国富论》，正是这部著作使他成为历史上最伟大的经济学家之一。《国富论》于1776年出版，当时正值美国独立战争时期，爱德华·吉本（Edward Gibbon）的《罗马帝国衰亡史》（*Decline and Fall of the Roman Empire*）也在那一年问世。那一年，世界似乎来到一个分水岭上。

由于斯密反对任何形式的政府干预，许多评论人士将他的资本主义愿景概括为自由市场资本主义。关于他，很多人只知道"看不见的手"这个词。用通俗的话讲，这句话意味着市场的自由运行有可能带来最好的结果。所谓的斯密对自私的资产阶级价值观的颂扬似乎在《国富论》的一段话中达到高潮。记者喜欢引用这句话："我们之所以能得到期望的晚餐，不是因为屠夫、酿酒师或面包师的仁慈，而是出于他们对自己利益的关心。"

在斯密的著作中，类似的观点似乎随处可见。"要把一个国家从最低级的野蛮状态提升至最高的富裕程度，除了和平、宽松的赋税和合理的司法之外，什么都不需要。其余的一切都是自然产生的。"显而易见，这与弗朗索瓦·魁奈的观点有异曲同工之妙。很多人从斯密的著作中看到了理性经济人（*homo economicus*）的身影，他们是理想的经济行为者，行事完全合乎理性，并且只为自身的利益着想。难怪保守的经济学家都将斯密视为自己人。想要鼓吹减税的报纸专栏作家更是喜欢引用斯密的话。亚当·斯密研究所（Adam Smith Institute）成立于 1977 年，它是一个自由派的智库。当时，知识分子逐渐接受了自由市场的理念。

理性经济人陷入困境

然而，斯密的观点远比上述简洁有力的语录所表达的要复杂得多。正因如此，人们必须按照斯密的要求去做，并将《国富论》与《道德情操论》结合起来阅读。[4] 如果说《国富论》是经济运行的蓝图，那么《道德情操论》就是指导人们驾驭经济的指南。接下来的讲述将同时讨论这两本书，以便更全面地了解斯密思想的真正含义。

最重要的是，"和平和宽松的税赋"这句话不一定是斯密说的，而是出自斯密的传记作者杜格尔·斯图尔特。1793 年，在爱丁堡，面对一个讨论小组，斯图尔特发表了一番赞扬斯密的溢美之词。他汇报了斯密在 1755 年发表的一次演讲，在那次演讲中，斯密显然表达了自由主义味道很浓的观点。遗憾的是，斯图尔特没有给出上下文，正如我们将要看到的那样，语境对于理解斯密的思想着实重要。

那我们就把注意力集中在绝对是他写的作品上。很明显，斯密并不认为自私的行为最终总是有益于社会。例如，他担心商人总是随时准备联合起来，组成卡特尔，这当然符合他们的利益，但无益于整个社会。斯密写道："同一个行业的人很少相聚，即使是为了娱乐和消遣，但（若是相聚），会谈结束时，欺骗公众的阴谋或是某种提高价格的诡计就会出笼。"

事实上，斯密对他所谓的"重商制度"的全然反对乃是基于这样一种想法，即"商人和制造商"塑造了经济，以满足对自身利益的追求。19世纪前,欧洲一直盛行行会制度,它将整个行业卡特尔化,导致物价上涨,质量下降。对进口的限制导致普通民众支付的价格上涨,却保障了国内生产商的丰厚利润。"在这些商业法规中……制造商的利益得到了最特别的照顾;而消费者的利益,以及其他生产商的利益,被牺牲了——后者尤甚。"从这样的表述中可以清楚地看出,斯密当然不认为贪婪总会带来好的结果。

不过,幸运的是,他并不认为人天生就是完全自私的,他对人之行为的描述比戈登·盖柯(Gordon Gekko)[1]给人留下的模式化印象更为复杂。可以肯定的是,他相信人经常会为自己着想,但他坚持认为这不能或不应该以完全无视他人的利益为代价。这一点在其《法理学讲义》(Lectures on Jurisprudence)中有所探讨,而《法理学讲义》实为《国富论》思想的原材料。下面的段落与此相关。请注意,斯密再次以啤酒商和屠夫为例。"去啤酒商或屠夫那里买啤酒或牛肉时,"他强调,"你无需跟他解释你需要多少,而是告诉他在不损害他的利益的情况下以某价格你能买多少。"

斯密在这里提出了一个微妙的观点。他的意思是说,在实践中,你常常需要通过满足另一方的利益需求来获得自己的利益,也就是说,设身处地为其他人着想。一方的目标必须通过考虑另一方的关切来实现。我们再次接近公正的观察者:商业上的成功需要从旁观者的角度来看自己,这一点与道德行为更像。两个完全自私的疯子是不可能达成交易的(其实,两个理性经济人也不可能达成交易)。斯密不无讽刺地说道:"从来没有人见过一只狗公平、审慎地用一根

---

[1] 戈登·盖柯,电影《华尔街》中的人物,典型的金融投机客,贪婪成性,涂发胶后梳的发型让人印象深刻。他有一句经典台词"Greed is good",意为"贪婪是好事"。

骨头和另一只狗交换另一根骨头。"相比之下,人类差不多天生具有一种"以物易物"的倾向。

这种观点听起来很没有说服力:为了得到自己想要的,只需假装对别人的幸福感兴趣。正如我们前面所看到的,伯纳德·曼德维尔不喜欢资本主义的这一面。换句话说,这也表明斯密并不认为自利等同于贪婪。

如果人们的动机不纯粹是出于追求自身的利益,他们还会受什么动机的激励呢?斯密先生肯定心中已有答案了。不妨考虑一下《道德情操论》的第一句话:"无论谁被以为有多自私,在其本性中显然都存有某些信念,使其对他人的前途命运产生兴趣,并视他人的幸福为己任,尽管除了看到他人幸福而心生快乐,他别无所获。"

让我们就此想法做进一步的探讨。《道德情操论》中有一段想要探讨一个问题:假如中国"突然被地震吞噬",将会发生什么?斯密想要知道普通欧洲人对此会作何感想?毫无疑问,他会"对那些不幸者的遇难表示深切的哀伤"。但是,"一旦将这些人道的情感全部表达出来,他就会继续做自己的事情或追求自己的享受、休息或消遣,就像此类意外从来没有发生过一样地轻松和平静。"

然而,在同一天,如果某个"无关紧要的灾难"降临到这个人身上,比如"失去了小手指",他会本能地做出反应。在接下来的几周内,他几乎不能再想别的事情了。因此,人们可能会得出这样的结论:"在他看来,与他自己的小不幸相比,众多人口(如地震中的中国人)的毁灭显然是一件不会太引起他关注的事情。"在这段文字中,斯密似乎认可"人对切身的利益更上心"这样的观点。这种对人类自私的描述令人沮丧。

但事情没这么简单。他问道:如果此人被问及是否愿意牺牲自己的小手指以拯救众人免于死亡,他会怎么做?斯密说他会牺牲自己的小手指。他推断,当一个人有能力引发某种改变时,他会从"公正的旁观者"的角度审视自己的行为。用斯密的话来说,那就是"理性、道义、良心、内心、自己的灵魂,我们行为的出色裁判和仲裁者"。到了紧要关头,我们承认"我们不过是芸芸众生中的一员,在任何方面都不比其他任何一员好"。斯密认为,人非天生自私,而是天生具有社会性。

你那看不见的血淋淋的手

"看不见的手"这句名言的真正含义也很有意思。很多权威人士用这句话来概括所谓的"贪婪是好事"。但是,这种观点建立在很多深刻的误解之上。首先,在其已经出版的全部著作中,斯密只提到过三次"看不见的手",而且每次使用的语境完全不同,从来也没有表达过大众这般理解的意思。

请记住这一形象的原始出处是《麦克白》(*Macbeth*),剧中的主人公说过"你那看不见的血淋淋的手"。很多读过斯密作品的人都知道,麦克白认为班柯有可能成为苏格兰国王,因而视其为竞争对手,这句话就是他在谋划杀死班柯时说的。很难相信斯密会选择这样一个隐喻来描述他认为有利的事情。

那么,斯密想用这个词表达什么意思呢?有人尝试对"看不见的手"的多重含义加以解释,其中埃玛·罗斯柴尔德(Emma Rothschild)的分析最为到位。在《天文学史》(*History of Astronomy*)中,斯密用"看不见的手"嘲弄多神社会中人们的轻信;在《道德情操论》中,这个词用来指封建贵族的消费习惯;在《国富论》中,它用来描述人们更喜欢将自己的资本投放到离家近的地方，而不是国外，因为资本在国外难以操控。不管用在何处，斯密都没有想用"看不见的手"一词给人留下这样的印象：一个完全自由的市场会产生最好的结果。这恰恰不是他的想法。

事实上，斯密认为自由市场有时会带来不好的结果。他环顾四周，看到了资本主义的扩展和劳动分工。让他担心的还有很多，特别是那些一辈子都在工厂里做工的人。他说："一个人的一生都花在一些简单的操作上，没有机会发挥自己的聪明才智，因此也就丧失了运用它的习惯，变成无知而愚蠢的人。"

需要明确的是，这并非说斯密一开始就希望劳动分工从未发生过，这种对斯密观点的解释常见于一些左派人士，尤其是诺姆·乔姆斯基（Noam Chomsky）。斯密清楚地指出：在劳动分工增加了物质财富的制度下，工人阶级的处境要比在没有劳动分工而且人们比较贫穷时更好。斯密还相信善意商业（doux commerce），这是 18 世纪广为流传的一种理念，它认为"商业是推动礼仪发展和社会进步的动力"。当然，这与曼德维尔的批判截然相反。[5] 随着劳动分工创造出越来越复杂的社会关系，人们意识到彼此依靠才能谋生，从而鼓励文明地对待彼此。如果自己种粮食、自己做家具、自己建房子，倒是避免了与他人的纷争；但若需要与人合作，那就比较困难了。

尽管总体上赞成自由市场和资本主义生产体系，但斯密也承认它们存在弊端，并认为工人阶级的处境可以而且应该得到进一步的改善。他认为"在每一个进步和文明的社会里，贫困劳动者……的境地必然会改善，除非政府煞费苦心地阻止它。"在他看来，为了不让人们完全陷入枯燥乏味的工厂体系，国家需要介入，为穷人提供"公共活动"，包括"绘画、诗歌、音乐、舞蹈"，以教育那些生活中缺乏激发性智力活动的人。斯密还希望英国推行"小学校"运动，在广大民众中普及识字和算术技能。[6]该运动自17世纪起就在苏格兰存在。难道基础教育不是一个文明社会所期望得到的最基本的教育吗？

国家干预教育是斯密提出的争议较少的建议之一。与绝大多数现代经济学家形成鲜明对比的是，他主张立法禁止放高利贷。他还赞成政府对造币厂、邮局及金银纯度标志的监管。[7]总而言之，他远不是一个自由放任主义的狂热分子。[8]

斯密的发现

斯密还在对经济分析有重大影响的理论和实践方面有所建树。也正是因为这些贡献，他才最为知名。19世纪50年代，英国历史学家亨利·托马斯·巴克尔（Henry Thomas Buckle）曾说道："《国富论》一出，突然间，经年累月产生的数不清的谬论被一扫而空。"诺贝尔经济学奖得主罗纳德·科斯（Ronald Coase）称斯密"可能是有史以来最伟大的经济学家"。经济学家马克·斯库森（Mark Skousen）近些年出版了《经济学三巨头》（*The Big Three in Economics*），他在书中称"现代经济学的史话始于1776年"，《国富论》就是在这一年出版的。有些历史学家甚至将18世纪末工业革命的开始与斯密最知名著作的出版联系起来。

名副其实吗？要弄清斯密对经济学这门学科的贡献到底有多大并非易事。对许多人来说，《国富论》取得了前人的著作从未有过的成就。它明确提出了"经济"的概念，即它是一个自我调节的交易系统，有自己的自然法则。

让我们更仔细地研究一下这个概念。通读本书，你会感觉到一切都在不可阻挡地走向平衡［用专业术语来说就是"均衡"（equilibrium）］。均衡这个概念是现代经济学的核心。在经济体中的通行工资率就是一个均衡的例子，即在一定的工资水平下，有足够的工人愿意工作，也有足够的雇主愿意雇用他们。同理，商店里面包的价格也是如此，面包价格会不断上涨，直到有足够的面包师愿意烘烤。无论结果好与坏，政府干预可以改变这种均衡。但几乎是自然而然地达到某种平衡，才是社会的趋势。这与马克思、恩格斯看待历史和社会的方法截然不同，他们认为历史和社会处于一种不断发展的状态。斯密本人并没有使用"均衡"这个术语。即便如此，正如历史学家格洛里·刘（Glory Liu）和巴里·魏加斯特（Barry Weingast）所言，纵观全书，他似乎在设法理解是什么产生了一种"稳定的平衡之力，而不会导向偏离的趋势"。

为了更准确地理解这一切意味着什么，想一想斯密关于英国济贫法的讨论。作为福利国家的基本，济贫法于17世纪初引入。该制度的运作方式是这样的：人们只有在当地教区内才有资格领取"救济"（即政府发放的食物或钱）。这种定居制度自然鼓励人们留在当地，而不是到更远的地方去找工作。斯密认为这种制度促成了一种均衡，在这种均衡中，该国一个地区的工资可能比另一个地区高出很多。由于工人很少从工资低的地方迁移至工资高的地方，工资无法（在全国范围）均等。正如他所说："在英格兰境内，我们经常发现相距不远之地的劳动力价格极不均等，这可能是由于定居制度对贫民的阻碍，因为没有证书，他们无法带着自己的活计从一个教区迁到另一个教区。"

这里隐含着两个观点。首先，斯密暗示，在一个没有政府阻碍的世界里，工资将在整个英格兰趋于一致，比如，东北部和西南部的工资最终应大致处于同一水平。这是因为工资具有趋于均衡的趋势。其次，政府干预妨碍了这种情况的发生。当斯密试图解释为什么全国各地的工资水平不同时，他没有说"只是因为"或"上帝希望如此"。在斯密看来，它有一个正当、合理的理由。

对现代读者来说，以这种方式分析世界似乎很自然，甚至是显而易见的。[9]即使在斯密的时代，经济和社会是自我调节的这一观点也并非完全新颖。威廉·配第爵士曾将经济比作人体，认为在受到某种干扰后，经济往往会回到初始状态，跟人生病然后康复一样。魁奈1754年的《经济表》也提到了均衡的概念。然而，斯密在其著作中对这一论点进行了更全面的阐述，自然也比魁奈的复杂表格更容易理解。

并非全部

斯密的另一个重要理论发展是关乎"价值"理论，确切地说，就是后来被所有经济学家所熟知的"劳动价值论"。但在继续解释斯密的观点及其重要性之前，我们有必要先退一步：究竟什么是"价值"？如我们将要在后文中看到的那样，那么多经济学家想方设法理解它，这是为什么？

约翰·斯图尔特·穆勒对"价值"的定义可能是最有用的："价值是一个相对术语。一件东西的价值意味着……它所交换的……另一件东西的数量。"换句话说则是：为什么此物值这么多？例如，为什么一公斤草莓和几公斤面粉的价值相同？为什么法拉利比菲亚特更值钱？关于价值构成的问题，争议性很大，斯密，大卫·李嘉图、托马斯·马尔萨斯、卡尔·马克思和威廉·斯坦利·杰文斯，以及其他人都各有不同的看法。今天的经济学家并不真正谈论价值，但当时的争论有时会相当激烈。

但参与争论的人不想费力解释为什么价值问题很重要，也就是说，为什么这是一个值得讨论的问题，这让局外人感到烦恼不解。这或许可以从三个方面寻找原因。

第一个原因与资本主义的发展有关。在本书中的经济学家写作时，越来越多的商品和服务在公开市场上为换取现金而出售，越来越少的商品和服务用于物物交换或仅出于生计而生产。换句话说，市场正成为社会中比较重要的一个领域。例如，为什么坚果比苹果贵，这一问题在市场上自然而然地产生了。不要忘记，本书的主人公中很少有认为自己是"经济学家"的，更不要说是"政治经济学家"了，他们是热衷于解释周围世界的政治理论家或哲学家。

早期经济学家痴迷于价值的第二个原因与他们在日常生活中遇到的市场类型有关。如今，商品和服务的价格是可以预测的。你知道现在一双鞋和明年一双类似的鞋在价格上差不多——在过去的20年里，英国的消费物价年上涨率在2011年达到约5%的高点，在2015年低至0%。换句话说，变化不大。而在过去的几个世纪里，情况可不是这样的，在亚当·斯密生活的时代，到处存在通货膨胀。斯密经历过的年通货膨胀率最高为28%，最低为–14%。

这让人们相信，以货币标识的商品价格波动太大，无法准确衡量产品的价值。一把椅子在某年可能值1英镑，下一年可能值10先令，[10]但那把椅子在第二年的价值真的只有第一年的一半吗？[1]政

---

[1] 在1971年未实行币值十进位之前，1英镑等于20先令。

治经济学家推断，或许每一种产品都有一个以货币表示的"市场价格"，该价格围绕产品的"自然价格"上下波动。[11]

第三个原因是，对价值的痴迷是一种政治上的痴迷。在早期经济学家写作的时期，实业家和商人逐渐获得权力，地主阶层开始失势。地主以土地或贮藏黄金为生，而崛起的资产阶级购买大机器，雇用普通人做工。那些宣称自己是真正价值创造者的群体在政治权力上有更多的追求。如果地主能够证明他们是真正的价值创造者，那么他们就应该继续掌权；而在另一端，如果工人能够证明他们是唯一的价值创造者，那就需要更加激进的再分配。

背景已经讲得够多了，那么亚当·斯密的"劳动价值论"是什么意思？赫克托·罗伯逊（H. M. Robertson）和威廉·泰勒（W. L. Taylor）认为，对于经济学家理解价值而言，斯密的贡献是"经济思想史上的一个重大转折点"，但方式并不好。弗朗西斯·哈奇森在很大程度上将自己所知的传授给了亚当·斯密。哈奇森有一个价值理论，我们可以称其为"主观主义的"，即一个"坚果比苹果更贵，那是因为它们更好"。哈奇森的价值理论在很大程度上抄袭了塞缪尔·冯·普芬多夫（Samuel von Pufendorf）和雨果·格罗蒂乌斯（Hugo Grotius），这两位早期的法律学者又受到了亚里士多德的影响。普芬多夫对经济价值进行了有趣的观察，例如，他指出"我们通常发现最必要的东西最便宜。"[12]哈奇森补充说，生产商品的成本也可能影响其市场价格，松露之所以昂贵，部分原因是它们很难找到。

换句话说，这就是需求和供给。听起来很有现代的味道。若你在街上问某人为什么一件东西比另一件东西贵，他们的答案可能会与1755年哈奇森给出的答案相似。在斯密早期的一些作品中，他似乎也认同哈奇森的价值观念。然而，到《国富论》出版时，斯密却表示不同意这一观点而提出了一种新的价值观念，并在此过程中将经济思想引向完全不同的方向。

斯密认为哈奇森的价值理论是错误的。特别是，"效用"或"使用价值"不能成为价值的必要组成部分，因为"在交换中具有最大价值的往往很少或没有使用价值"。根据斯密的说法，钻石和水就是一个很好的例子。钻石不能用来做任何事，如斯密在《法理学讲义》中所说，"它们的真正用途似乎尚未被发现"；水是一切生命的基础。然而，钻石很贵，水却低廉。因此，"使用价值"对价值没有影响。这就是所谓的钻石与水悖论。[1]

这种无稽之谈是从哪里开始的呢？正如哈奇森所料，钻石确有某种用处。比如它们让人觉得自己很特别。此外，它们真的很难得到，加工处理也有难度。水有极其重要的用途，肯定是比钻石更重要的一种用途。不过，水很容易获得。这便很好地解释了水便宜而钻石昂贵的原因。钻石与水悖论其实算不上什么悖论。

尽管如此，斯密还是继续探索。劳动价值论认为真正决定价值的是投入的劳动时间。[13]商品或服务的价格取决于它包含的劳动量，商品的"使用价值"其实并不重要。所以，一台电脑比一支笔更值钱，纯粹是因为生产一台电脑占用了更多的劳动时间。正如我们将在第9章看到的那样，这些思想被大卫·李嘉图和后来的马克思所接受，并正式提出。就经济思想的发展而言，它的重要性怎么说都不为过。

---

[1] 钻石可镶嵌于戒指，或用于价值储存，因此，它并非毫无用处。斯密称钻石无用，是相对于水而言的，水滋养生命，相比之下，钻石什么都做不了。

保罗·道格拉斯（Paul Douglas）可能说得最有说服力。他说："斯密促使英国古典学派的作家钻进了一条死胡同，而就他们的价值理论而言，在近一个世纪的时间里，他们都没能走出来，同时他也帮助……催生了19世纪社会主义的经济学说。"没有劳动价值论，就不可能存在马克思主义的经济思想。[14] 不过，若要追究原罪的话，斯密可能难辞其咎。在其《边际效用理论史》（History of Marginal Utility Theory）一书中，埃米尔·考德（Emil Kauder）就斯密的影响抱怨道："亚当·斯密就用这几句话把两千年来（关于价值）的思想变成了废物和垃圾。从1776年而不是1870年[15]开始，我们就失去了更正确地认识价值之本质的机会。"罗伯逊和泰勒称这种判断"过分苛刻"，但他们也承认"斯密确实知道哈奇森和卡迈克尔（Carmichael）关于价值的观点，这些观点也可以追溯到两千年前的亚里士多德。"

完全莫名其妙

有大量文献认为斯密的价值观比我已概述的要复杂得多。有些人声称斯密确实相信原始社会的劳动价值论，但不相信更先进的资本主义社会；也有很多文献反对这个观点，认为斯密确实相信劳动价值论也适用于成熟的资本主义社会。

我们可以肯定地说这种讨论尚不明朗。而且，斯密对效用的关注如此之少似乎很是奇怪。在我们看来，几个世纪后的今天，所谓的"经济学之父"竟然会有这样的疏忽，实在令人费解。当然，某物的效用会影响该物的价值！遗憾的是，对于斯密为什么会犯这样的错误，没人能给出令人满意的解释。

也许最好的解释是斯密正努力把经济学变成一门科学。正如罗伯逊和泰勒所言，有人可能会指责哈奇森、普芬多夫等人在试图阐释价值时所做的是"模糊的归纳"。斯密想要客观地回答经济学的重大问题：为什么水的价值低于钻石？为什么有些国家比其他国家富裕？斯密设法消除杂音，专注于基础，这种做法有点像理查德·坎蒂隆。这一探索失败了，但也许是一个意义重大的失败。

或许斯密更为人所知的是其劳动分工的思想。其基本理念在于：若是让每个工人专注于一项任务，他就会在给定的劳动时间里创造更多的价值。[16] 他在《法理学讲义》中说："劳动分工增加了产量，理由有三：一次只做一件简单的工序更加灵巧，节省了时间，以及催生了机器的发明。"斯密在《国富论》中探讨大头针工厂的那一段特别著名，他据此证明了劳动分工可以大大地提高生产率。这段文字如此闻名，以至于在英国 20 英镑的钞票上，斯密肖像的旁边是一幅工厂的劳动分工图和阐明劳动分工的一句说明。

需要补充的是，英国的 20 英镑钞票有一处错误，或者至少是一个有误导性的陈述。斯密图片下面的文字意为"大头针制造的劳动分工（并导致用时的大幅增加）"。这并非引用斯密的话，却有可能让人曲解斯密的观点。劳动分工的全部意义在于减少而不是增加生产一定单位产品所需的时间。[1]

斯密关于劳动分工的观点是否具有革命性？也许没有。斯密并

---

[1] 20 英镑钞票上面的英文是 "The division of labour in pin manufacturing: [and the great increase in the quantity of work that results]"，如果 "work" 取意 "劳动用时"（time spent working），"劳动分工增加劳动用时"就是错的，而作者正是按 "劳动用时" 理解的；但若 "work" 取意 "劳动成果"（what they produce），"劳动分工增加劳动成果"就是正确的。至于 "work" 到底是何意，那得问当初设计钞票的人是怎么想的。

不是第一个认识到其益处的人。柏拉图讨论过这个问题。17世纪，同样被誉为"经济学之父"的威廉·配第也研究过，并以怀表厂为例。恩斯特·路德维希·卡尔（Ernst Ludwig Carl）是一位几乎不为人所知的德国理论家，有人认为早在17世纪20年代他就第一个系统地阐述了劳动分工。[17]显然，在斯密注意到之前，大头针工厂内部的劳动分工就已经存在了！甚至有证据表明，斯密借用了丹尼斯·狄德罗（Denis Diderot）的《百科全书》（Encyclopaedia）中大头针工厂的例子，该书出版于18世纪50年代和60年代。斯密并不是一个彻头彻尾的剽窃者，因为他承认有人"已经注意到了"劳动分工，只是没有提及《百科全书》。[18]不管怎样，是其他人不够细心，过于信任他了。

就劳动分工而言，斯密的真正贡献虽然比较小，但仍很重要。他强调，劳动分工确实是所有经济活动的核心。的确，如约瑟夫·熊彼特所说，它"实际上是经济进步的唯一因素"。斯密自己也说："劳动生产力最大的提升，以及引导至或应用于任何地方的大部分技能、熟练度和判断力，似乎都是劳动分工的结果。"这尤其说明了为什么"在文明社会中，即使是最低等、最受鄙视的成员，其物质生活也比较丰富，生活富裕"。

这是向前迈出的重要一步。当今的经济学家承认提高生活水平最明确的方式是提高生产率。正如保罗·克鲁格曼（Paul Krugman）所说，"生产率不是一切，但从长远看，它几乎就是一切"。生产率的提高是通过让工人专门做非常擅长的事而实现的。对这一点的理解，我们都要感谢斯密。

国内经济学

斯密还因其关于自由贸易的著作而闻名。当然，他大体上是赞成自由贸易的。1776 年，他写道："这是每一位精明的家庭主人的座右铭——绝不要在国内制造那些制造成本高于购买价格的东西……如果外国能供给我们比我们自己制造更便宜的商品，最好用我们（优势）行业产品的部分销售收入购买他们的产品。"你会注意到此处与重商主义者的不同。重商主义者喜欢出口，因为出口有助于增加就业；而斯密喜欢进口，因为进口有助于节省劳动力成本。

按斯密所说，他反对"重商制度"。正如我们在讲科尔贝的第 1 章所见，有些重商主义者认为经济目标最终是实现贸易顺差（即出口超过进口）。但斯密的观点是，进口可能是一件好事。他特别看不起科尔贝。"尽管科尔贝先生……能力很强，但他似乎……被商人和制造商的诡辩蒙蔽了，"他们需要的是将外国竞争者排除在外。除经济效率低下外，重商制度还会导致勾结和腐败，只对少数人有利。

斯密认为，总的来说，贸易会促使更大更发达的市场的形成，从而鼓励更深层次的劳动分工。它还能促使国内生产商专注于生产效率更高的活动。为了阐明自由贸易有很多好处的论点，斯密探讨了在苏格兰酿酒的想法。他推论："借助玻璃、温床和保温墙，苏格兰可以种植出非常好的葡萄，用它们也能酿造出非常好的葡萄酒。"或许这样估计有点乐观。但是，他接着说，要做到这一点，"其费用大约是从国外购买至少同等质量商品所花价钱的 30 倍。如果仅仅是为了鼓励苏格兰酿造红葡萄酒和勃艮第葡萄酒，那么，法律禁止所有外国葡萄酒的进口不是更合理吗？"[19]

人们普遍认为斯密的贸易观具有革命性。几乎可以肯定，18 世纪80年代时他是世界上被引用得最多的政治经济学家,在80年代初就超过了威廉·配第爵士。[20] 然而,斯密的思想是否真的像他的一鸣惊人那样具有革命性?

他似乎夸大了所谓的"重商"制度所造成的损害,以便让自己的论点看起来更新颖,更具震撼力。英格兰银行的数据表明,在《国富论》出版前的一个世纪,英国的进口价值按实际价值计算已经增加了一倍多。与此同时,历史学家理查德·格拉斯比(Richard Grassby)认为,大约在同一时期,利润率可能一直在下降。换句话说,企业的投资回报越来越差。那么,英国社会真的像斯密所说的那样饱受保护主义和任人唯亲的困扰吗?唐纳德·科尔曼雄辩地称:"斯密是如何认为他看到了糟透的重商制度在英格兰各个历史时期的情况……也看到了英格兰土地和劳动力年产值的大幅提高……以至于他可以称之为'所有人最幸福、最幸运的时期'呢?"读斯密的著作,似乎表明他是在提议与现状彻底决裂。但现状可能比斯密愿意承认的更接近于他所喜欢的制度。

历史学家也夸大了斯密对经济辩论的影响。在斯密写作之前,而不是之后,思想的潮流已经转向,偏爱更加自由的贸易。亨利·马丁(Henry Martyn)的《有关东印度贸易的讨论》(1701)明确说明进口和出口对经济有利。[21] 从17世纪40年代开始,英国源源不断地发行了一些小册子,抨击《谷物法》,理由是他们提高了穷人食物的价格。萨利姆·拉希德认为斯密是这场辩论的重要组成部分,但若把这场辩论看成是他发起的,乃是一种误导。早在斯密出版其代表作之前,乔赛亚·塔克(Josiah Tucker, 1713—1799)和马修·德克尔爵士(Sir Matthew Decker)等经济学家的著作曾想方设法推动公众舆论支持自由贸易。[22] 正如拉希德指出的那样,在《国富论》出版 8 年后，美国第二任总统约翰·亚当斯（John Adams）选择塔克和弗朗索瓦·魁奈为自由贸易的主要倡导者，而不是斯密。1790 年，斯密去世时，《泰晤士报》指出："斯密博士的政治经济体系与韦里伯爵［彼得罗·韦里（Pietro Verri, 1728—1797）］、迪安·塔克（即乔赛亚·塔克）和休谟先生的没有本质的区别。"斯密关于这个问题的著作是对时代思潮的回应，但他是否发展出了完全革命性的思想呢？

无论如何，斯密都不是一位纯粹的自由贸易主义者，若是阅读他对《航海条例》（Navigation Acts）的讨论，这一点就再明白不过了。该条例规定了英国船只对英国贸易的垄断。从经济角度看，这是一种非常低效的安排——当然，哪个国家的船只运费最便宜，就应该允许哪个国家的船只运营。但是，斯密支持《航海条例》。他当然承认它们的影响有害于经济。然而，对于一个不断受到欧洲对手威胁的岛国来说，船只供应充足至关重要。斯密认为"防御比富裕重要得多"，因此，无论短期经济成本如何，都有必要保护其贸易。

亚麻衬衫和皮鞋

那么，是不是斯密没有任何创新的想法呢？远非如此。他有一个鲜有人知却真正具有独创性的贡献，涉及我们对"贫穷"的理解。几个世纪以来，"绝对贫穷"与"相对贫穷"之争一直非常激烈。有些人说，连饭都吃不上的人绝对是穷人；心地善良的人可能会说每周收入低于 400 英镑的人应该被看成穷人；另一些人则认为这纯粹是社会上其他人过得怎么样的问题；也许底层 10% 的人口应该被认为是穷人。

大致说来，政治右翼倾向于采取绝对的衡量标准。这是因为随着时间的推移，它们往往会显现出穷人处境的改善。然而，左翼人士更喜欢相对的衡量标准。这些措施带来的改善不大，因为贫困线随着生活水平的提高而提高。[23] 无疑，这场辩论会无休无止地继续下去。

但是，斯密采取了一种不同的方法。他并没有把贫穷看成一个相对的或是绝对的概念，而是两者兼而有之。乍一看，这似乎是不可能的，但是事实确实如此。为了说明自己的观点，斯密提到了两种不同的服装：皮鞋和亚麻衬衫。史密斯在《国富论》中说：

> 严格地讲，亚麻衬衫……不是生活必需品。虽然古希腊人和古罗马人没有亚麻布，但是我猜他们生活得也很舒适。但在当今欧洲的大部分地区，如果不穿亚麻衬衫，按日取酬的普通临时工也会羞于出现在大庭广众之中……同样，习俗也使皮鞋成为英国的生活必需品。

这段话意义重大，当代经济学家对此进行了大量分析，尤其是阿马蒂亚·森（Amartya Sen）。斯密说贫困是相对的，因为人们认为不充足会随着时间的推移而发生变化。18世纪的欧洲人认为亚麻衬衫是必不可少的衣服，而古罗马人和古希腊人没有这么认为。但是，他又说贫困是绝对的。在18世纪，没有一件亚麻衬衫会羞于见人，而感觉丢脸是一种绝对的体验。简而言之，你不是相比他人觉得丢脸，而是绝对地感觉丢脸。和"公正旁观者"的概念一样，斯密强调了社会评价对人生活的影响。

这是一个重要的区别。例如，不同意相对贫穷概念的人可能会说没有哪个欧洲人是"真正贫穷的",因为他们的生活水平比贫穷国家的人高得多。然而,相对劣势的社会地位也可能会让有些欧洲人陷入绝对糟糕的境地,因为他们可能连最基本的获得某些物质福利的机会都被剥夺了。也许这会让他们感到丢脸,就像亚麻衬衫和皮鞋的例子说明的那样。或者他们无法上网,最终被排除在政治辩论之外。这也是一个绝对的状况,他们并不是"相对地被排除在外",而是绝对地被排除在外。对于现在研究贫困的人普遍接受的那个贫困概念来说,斯密的见解才是真知灼见。

开悟的生活

因此,斯密是一个比乍看之下更为复杂的人物。诚然,他有一些新颖的想法,但在某些方面,他并非人们通常描述的那样是一位开拓者。很明显,经济学不是"始于"斯密。那为什么经济学家和公众都认为他是一个无出其右的人呢?

斯密的魅力部分来自他披上的神话外衣。他的生活和著作都给人一种意义非凡的感觉,特别是《国富论》。这部巨著面世时正值美国独立战争爆发,它被分成5卷出版,洋洋洒洒,超过35万字。正如马克思的《资本论》(1867)一样,很多人对《国富论》怀有深厚的感情,包括玛格丽特·撒切尔。他们即使没有真正读过,也把它看成某种"圣经"。不知何故,人们总觉得在它的内部隐藏着资本主义的秘密。

斯密之所以成功,还有一个原因在于他的写作。说句公道话,他的书往往很难读懂。有些句子令人费解,并且使用了太多的逗号(实在是太多了)。但他也有妙语连珠的本领。只要看看"屠夫、面包师"那一段的雄辩，或者讨论苏格兰葡萄酒那一段的趣味性就知道了。现代经济学家会引用《麦克白》的话吗？斯密仔细研究了修辞学，事实上，他曾发表过题为《修辞学与纯文学》的演讲，并运用这些技巧说服读者相信他的论点。就连斯密的一些铁杆粉丝都称他是"宣传家"（当然有些夸张），因为他的文章很有说服力，其中就包括雅各布·维纳（Jacob Viner）。在大卫·休谟的故事中，我们已经看到斯密倾向于忽视审慎的理论，也许是因为这些理论不会赋予他的文字足够的吸引力。

然而，这一切并非说斯密是个花拳绣腿、故弄玄虚之人。约瑟夫·熊彼特曾断言："事实上，《国富论》不包含1776年新出现的任何一个分析性的思想、原理或方法……它不能被称为一种思想成就，无法与牛顿的《自然哲学的数学原理》或达尔文的《物种起源》相提并论。"这肯定是夸大其词了。斯密对道德的非宗教性理解作出了重大贡献。他关于经济结构的观点阐述得清晰而有说服力。在政治上，他也扮演过重要的角色，他鼓动人们反对最严厉、最具破坏性的政府干预方式，支持自由贸易。它们意义重大。即使斯密可能不像有些人认为的那样是个天才，但对他的了解和研究是必不可少的。

8

尼古拉·孔多塞
Nicolas de Condorcet 1743—1794

法国的亚当·斯密

本书评述的大多数人对经济学作出了重要的贡献，但这种贡献很微妙：比如，很难用一个词或一句话来解释理查德·坎蒂隆或阿尔弗雷德·马歇尔等人的影响，他们的贡献更多地表现为展示了如何像经济学家一样思考或行动。但马里·让·安托万·尼古拉·卡里塔（Marie Jean Antoine Nicolas de Caritat），即孔多塞侯爵，不是这样。"孔多塞悖论"就是以他的名字命名的，这是一个关于投票的著名概念。在刚过去的20年里，研究人员引用孔多塞的次数约为3万次。

人们通常认为孔多塞是将数学应用于经济学的先驱，部分原因在于他与这个著名的悖论联系在一起。这个悖论抽象且难以理解。阅读今天发表的经济学研究成果，我们会发现它们几乎都含有大量复杂的方程式。在很多人看来，孔多塞代表着现代经济学家采用的超理性方法，在这种方法中，经济学家从正式的公理（或第一原则）出发进行逻辑推论，却对大量的历史困境视而不见。埃玛·罗斯柴尔德说:"孔多塞自1794年去世后就被视为启蒙运动冷酷、压抑的化身。"但这种广为流传的看法公平吗?事实上,孔多塞是一个比任何夸张描述都精明的思想家。

革命性的思维

1743年,孔多塞生于法国北部。他多才多艺,作品题材广泛,在其生命的最后20年里尤其如此。他的思绪会从美国革命一路发散到投票改革,进而是粮食贸易。埃玛·罗斯柴尔德说:"他最钦佩的名人……一夜之间写出了深奥的理论著作,而有关权力的论文……则是在乘河船旅行时写的。"熊彼特不情愿地承认"孔多塞是一位训练有素的数学家。他将概率演算应用到法律和政治批评领域的尝试……产生了巨大的推动力。他宣扬'自然权利'、主权在民和妇女平权,非常憎恨基督教。"他无惧发表意见,公开批评1793年的法国宪法,因此被称为叛徒。他在东躲西藏中继续写作,最终被革命者杀害。

让我们转向著名的孔多塞悖论。它到底有什么特别之处呢?首先了解一些背景。重要的是要理解孔多塞为什么开始思考投票的理论。在他写作时,越来越多的普通人获得了参与国家管理的发言权。1776年,美国脱离了英国的统治;在英国,崛起的资产阶级对经济和政治决策的影响越来越大。当然,权力逐渐从顶层的一小部分精英手中分散开来是件好事。但孔多塞意识到这可能会造成理智选择的问题,特别是民主投票制度——事实证明它在本质上是不稳定的。

当由一个人统治国家时,做出决定很容易,所有人都照国王或王后说的做就是了。但是，当更多的人有发言权时，事情就会变得比较复杂。个人的偏好如何转化为代表他们利益的决定呢？最简单的答案是"实行多数决定原则"，这就是今天民主国家的选举方式。但孔多塞指出，在很多情况下，它有可能很快陷入僵局，此时，根本不可能在做出决定的同时还能保持民主制。特别是当有两种以上的选项供选择时，民主国家就会议而不决，明显表现出左右为难。

遗憾的是，对孔多塞悖论的解释大都没有很大的启发性，因为它们总是从术语到术语。接下来笔者尝试用尽可能简单的语言加以解释。毫无疑问，这会惹恼那些熟悉这个理论的人，但笔者愿意冒险一试。孔多塞首先假设选民的偏好在狭义上是理性的，或者用专业术语讲，具有"传递性"。如果你喜欢比萨胜过墨西哥卷饼，喜欢墨西哥卷饼胜过寿司，那么你就会喜欢比萨胜过寿司。孔多塞接着指出，即使所有选民的偏好都是理性的（可传递的），但作为一个整体，群体的偏好可能是无法传递的。

设想三位朋友正要决定去哪里吃饭，是去意大利餐厅、墨西哥餐厅，还是日本餐厅？

第一个人的偏好顺序：比萨，墨西哥卷饼，寿司。

第二个人的偏好顺序：墨西哥卷饼，寿司，比萨。

第三个人的偏好顺序：寿司，墨西哥卷饼，比萨。

在这种情况下，要理性地决定去哪里吃饭是不可能的。选择比萨不是大多数人的决定，因为第二个人和第三个人更喜欢别的食物。选择寿司也一样。选择墨西哥卷饼也定不下来。如此循环下去，我们永远也无法做出民主的选择。

比萨政治学

但是，为什么这种洞察力很重要呢？19 世纪，有关这一悖论的讨论并不多。它在今天如此有影响力的原因可能是它对肯尼思·阿罗（Kenneth Arrow，1921—2017）产生了影响，这位经济学家在 20 世纪 50 年代提出了不可能定理（impossibility theorem）。在这一比孔多塞悖论复杂得多的理论发展得更深入时，阿罗指出，在很多情况下，收集个人偏好并将它们变成集体决策是相当困难的。正如哲学家迈克尔·莫罗（Michael Morreau）指出的那样，"民主体现为能够表达人民意志的政府，有些人……采用阿罗定理，以证明这种民主是一种不合逻辑的幻想"。用美国前财政部长拉里·萨默斯（Larry Summers）的话讲，阿罗的定理解释了"为什么各委员会很难得出一致的结论，为什么在选民日益分化的情况下，民主会变得越来越丧失其应发挥的功能"。

这些话可能听起来很极端。但事实证明，孔多塞悖论在现实世界中得到了应用。2016 年，英国脱欧公投后，民众就英国是否陷进了孔多塞悖论展开了热烈讨论。有关英国脱欧的争论可以归结为三个选项："留欧"、"软脱欧"或"硬脱欧"。复杂就复杂在这里。三种选项中的任何一种都无法胜过另外两种。在 2016 年的公投中，硬脱欧派和软脱欧派联手击败了留欧派。但留欧派和硬脱欧派联合可能会挫败任何软脱欧派的提议，而软脱欧派与留欧派联合起来可能会阻止硬脱欧派。

因此，可以用一句话来概括孔多塞悖论：社会面临三种选择，但任何一种选择的支持率都不会超过其他两种选择所得票数的总和。这要比大量的权威见解和评论更能说明英国脱欧的问题，它也客观地证明了英国政治阶层的极端愚蠢或思维混乱。[1] 每个人都了解自己想的是什么,并坚持自己的想法。若是在三方决策中强加一个"是"或"否"的选择,得到的仍旧会是一个混乱的结果。

激怒牧师马尔萨斯

因此,孔多塞对数理经济学的贡献是不可否认的。但该悖论并非他唯一重要的观点,他还提出了一些有趣的关于经济发展的想法。实际上,他提出了这样一个问题:一个社会变得更加富裕,意味着什么?

在1795年出版的著作中,孔多塞认为人类是"可臻完美的"。在他去世后不久,其手稿《人类精神进步史表纲要》(*Sketch for a Historical Picture of the Progress of the Human Mind*)[1] 出版,他在这本书里主张,一个"完美"社会有望到来。当前,法国社会可能被贫穷、不安全、非理性和宗教问题困扰,但这种状况没有理由永远持续下去。孔多塞对世界的乐观看法激怒了托马斯·马尔萨斯,他立即着手撰写一部极其悲观的著作,并于1798年出版(将在第11章讨论)。

但是,孔多塞所说的"完美"是什么意思呢?这是一个很有弹性的词语。在其著作中,孔多塞并没有给出明确的定义。在读者的解读中有一种是功利主义的:人类幸福增加到最大限度即完美。在孔多塞生活的时代,这些想法肯定在四处流传。路易十六的财政部

---

[1] 孔多塞被扣上叛国的罪名并遭雅各宾派追捕,他在躲藏期间写了一部手稿。1794年3月25日,孔多塞逃离巴黎,两天后,遭到逮捕和关押,不久离世。其手稿被人发现后,于1795年出版,这就是《人类精神进步史表纲要》,它被视为启蒙思想的最高杰作。

长雅克·内克尔（Jacques Necker）认为不同人的幸福是可以加总并加以比较的。例如，他估计，处于温饱水平的 20 个人的幸福程度大致相当于吃得稍微多些的 10 个人的幸福程度。他相信快乐才是最重要的。内克尔可能对给每个人最大剂量的唆麻（soma）这种想法完全满意，因为它会给最大多数人带来最大的幸福——唆麻是奥尔德斯·赫胥黎（Aldous Huxley）的《美丽新世界》（*Brave New World*）虚构出来的一种药物，它能让人产生快感。其他人可能会认为，从定义上讲，富裕的社会注定越富裕，因为更多的钱等于更多的效用。

但孔多塞极不赞成功利主义者的想法。他不相信人类的幸福能被看作众多可以增减的单位。因此，这位出色的数学家批评了在经济学中"使用几何语言"的做法，理由是它"远不能得出更精确的概念"。埃玛·罗斯柴尔德指出，孔多塞认为"享受自由的甜蜜"并不等于知道"如何计算其优势"。换句话说，世界不能被简化为简单的数学计算。感觉和情感同样重要。

让我们具体一点。设想有人尝试仅凭确凿的统计数据论证卡塔尔比欧盟国家更适合居住。他们指出事实：卡塔尔的人均 GDP 是欧盟的 3 倍，或者卡塔尔的天气比欧盟好。但是，如果只关注这些数字，势必会对住在欧盟国家相对于住在卡塔尔的优势视而不见。

那么，如果不是效用最大化的话，孔多塞是如何看待社会进步的呢？他似乎认为充分尊重人民的权利就可以实现完美。孔多塞希望人们互相尊重，并且每个人都要设法理解对方的观点，这一观点跟亚当·斯密的有点儿像。出于这个原因，他赞同阅读小说的倡议，因为阅读小说能更好地理解人们是如何做出重要决定的。[2] 约翰·穆勒对自己的功利主义观点做了大量的限定，就像穆勒一样，孔多塞也希望永远不要不加批判地接受思想观念，而是要不断地争论。[3] 他希望人们永远要为根除社会不公而战。埃玛·罗斯柴尔德称:"他的信条是,一个人永远不应该把自己的信条强加于别人。"

孔多塞以权利为基础的认知,使他对各种政府都持怀疑态度。政府不管认为自己是在将"公意"付诸实践,还是"在为所有人造福",都无关紧要——不管它做了什么,肯定会侵犯一些人的权利。因此,孔多塞赞成小政府。孔多塞视任何将普遍原则强加于人民,或自称为人民代言的人为专制君主。(但法国革命者处决了他,这难道不是很奇怪吗?)

从严格意义上讲,将孔多塞的方法称作自由放任主义再恰当不过了。他在1795年主张:"施展自己的才能,处置自己的财富,以认为最好的方式满足自己的需要,这似乎是人的权利之一。社会的整体利益非但没有在这方面加以限制,反而阻止了任何欲加限制的企图。"经济学家约瑟夫·珀斯基(Joseph Persky)称孔多塞的自由放任政策"近乎绝对"。正如我们将要在后文看到的,"近乎"这个词很重要。

孔多塞对自由放任"近乎绝对"的观点对公共政策有着重要的影响,如以继承或馈赠的形式将财富传给下一代的问题。应该针对遗产征税吗?正如我们将要看到的,从功利主义的角度出发,约翰·穆勒和阿尔弗雷德·马歇尔等人表示担忧——如果传递财富的权力不受限制,不平等就会持续存在。他们还担心大量遗产的继承者不再有很大的动力努力工作。

在孔多塞写作之时,继承是一件大事。1800年左右,法国每年代际的遗产流动规模相当于国民收入的20%,占比远比今天要高,这意味着很多人根本不用为了谋生而为工作忧虑。但是,孔多塞看待这个问题的方式与穆勒、马歇尔不同。他认为我们必须尊重人们将资产转移给他们认为合适的子孙后代的权利——这是他们的权利。在他看来,"我们不会规定继承法必须以最大限度地实现财富的分配和均等为目标"。对他来说,"作为自然权利的结果",唯一需要调整的是父亲的财产要平均分配给他的子女。

意外结果定律

孔多塞对自由市场经济的大力支持并不讨所有人的喜欢。让市场"自行其是",难道不是在明显地导向众人的高度不平等和极大的不幸吗?文学评论家查尔斯·奥古斯丁·圣伯夫(Charles Augustin Sainte-Beuve)对孔多塞的评价不无道理,他称孔多塞为18世纪充满"理性主义狂热"的"极端产物"。

但即使都是自由放任,也有区别。孔多塞的理解比这个被过度使用的短语所表达之义要复杂得多。孔多塞不是信仰无政府主义的资本家;相反,他认为需要给政府创造条件,以便自由市场最有效地运作。

这可能有点抽象。幸运的是,我们有一个非常具体的例子可供探讨,这就是一直困扰孔多塞的一个问题:饥荒。18世纪的欧洲,各国政府一直忙于确保国人有足够的粮食可吃。歉收就会招致灾难。当时的人们普遍接受这样的观念:资源短缺时,政府应该迫使生产商降低价格——食品价格降低,穷人就能吃上饭。例如,雅克·内克尔在1775年写了一本小册子,支持这些政策,他认为这些政策是出于对人民的"同情"。

孔多塞的想法则完全不同。在1776年出版的《关于粮食贸易的思考》(*Reflections on the Grain Trade*)一书中,他指出迫使生产者降低价格只会打击未来生产的积极性。[4] 若农民不能用其生产的物品获利，那他为什么还要操心受累呢？因此，孔多塞认为政府对粮食市场的干预无益，是有害的，会带来意想不到的后果。饥荒正是"防止饥荒的政策的结果"。

在孔多塞看来，唯一的解决办法是完全地放开粮食贸易，自由买卖。孔多塞的观点与亚当·斯密的观点一致。众所周知，亚当·斯密读过孔多塞的著作，也可能见过他。但孔多塞也在重复几十年前已流行的重农主义言论。跟重农主义者一样，孔多塞希望法国拥有强大而成功的农业。

有些人认为这种支持自由买卖的观点虽然合理，但缺乏人性。若粮食自由贸易，生产者完全有权不再向饥饿的穷人售卖产品，而转卖给愿意并有能力支付更高价格的富人。与孔多塞同时代的一些人确实含蓄地接受了需要某些人"为更大的利益"而死的观点。以路易·保罗·阿贝耶（Louis Paul Abeille，1719—1807）为例。他推断，如果政府成功抑制住干预粮食市场的冲动，粮食价格将居高不下。作为回应，生产者将种植更多的粮食，粮食将多得像洪水喷涌。问题解决了。但阿贝耶认识到，供应商想利用高价，提高产量还需时日，因为无法在一夜之间种出粮食。哲学家米歇尔·富科（Michel Foucault）在一次演讲中详细论述了阿贝耶的观点所暗示的：应该让买不起粮食的人去死。（他们认为）有效的经济管理胜过人道主义。[5]

孔多塞真的这么无情吗？不是的。如果认为他是这样的人，那就误解了他的自由放任主义。其《关于粮食贸易的思考》开篇的第一句话是："无论生活在哪里，社会的所有成员每季、每年都应该得到保障……这是每个国家的共同利益。"他再次表明了自己的权利观。因此，孔多塞提倡自由放任，但并不像乍看起来的那样。

安妮·罗伯特·雅克·杜尔哥（Anne Robert Jacques Turgot）是孔多塞的朋友，也是重农主义者。若想了解这种复杂的思想，最好是观察18世纪60年代末杜尔哥被派去应对利穆赞（Limousin）即将到来的饥荒时的作为。利穆赞是法国南部一个人口稀少的贫穷之地。埃玛·罗斯柴尔德令人信服地详述了当时发生的事情。虽然还不清楚是杜尔哥的观点来自孔多塞，还是孔多塞的观点来自杜尔哥，但很明显，他们在大多数问题上的想法几乎是一致的。但杜尔哥不同于孔多塞，也不同于亚当·斯密，他能够将自己写的长篇大论的理论付诸实践。杜尔哥面对饥荒的作为可能完全超出你的想象。

杜尔哥显然非常关心利穆赞苦难大众的困境。他曾经给他的上级送去一块当地掺假的面包，向他们展示危机有多严重。尽管如此，正如孔多塞所建议的那样，他仍然投身于玉米的自由贸易。在粮食短缺最严重的时候，他坚持通过法律来保证运输和储存玉米的自由。[6]

这听起来很无情。不过，与此同时，杜尔哥实施了一系列引人注目的改革。他不想仅仅送给人们食物——他认为这是在鼓励人们成为被动的接受者，而不是生活的积极改变者；他也不想插手粮食市场。相反，正如戴维·威廉姆斯（David Williams）所言，杜尔哥的最终目标是把钱放进人们的口袋，这样他们就有能力以市价购买粮食。[7]他寻求并得到了政府对各种公共工程的资金支持，这一措施将创造就业机会。罗斯柴尔德表示，杜尔哥还（促使政府）降低了对穷人的税收，并对富人征收紧急税。他的政策似乎奏效了。罗斯柴尔德指出，（利穆赞）1769年的歉收是那个世纪最严重的一次，但（当地）1770年和1771年的死亡率几乎没有上升。

关于粮食贸易的思考

马克西米利安·罗伯斯庇尔（Maximilien Robespierre）称孔多塞是"文学家眼中的出色数学家，数学家眼中的杰出文学家"。这听上去很刺耳。但是孔多塞确是一个令人困惑的人物。今天，最让他出名的是一个数学难题，但这个创新只占他整个思维体系的一小部分。可以肯定的是，孔多塞喜欢数学的优雅和简洁。但生活不只有方程式。他坚信自由市场的力量，认为自由市场将使人类达到完美的状态；另一方面，他也看到了很多自由市场需要管理的例子。这些使他足以跻身于现代经济学家的行列。

9

大卫·李嘉图
David Ricardo 1772—1823
《谷物法》的深远影响

    大卫·李嘉图是古典经济学家中的佼佼者。就公众的认可度而言，只有卡尔·马克思、亚当·斯密、马尔萨斯和约翰·穆勒有可能击败他。至于大卫·李嘉图"到底说的是什么"，历史学家就此展开了激烈的争论。但明白了李嘉图，或者至少弄清楚了李嘉图的某种说法，你也许就能完全理解古典经济学家讲的是什么了。

    李嘉图对很多基本的经济问题影响巨大。此外，他对价值理论进行了复杂的分析，价值理论讲的是为什么物有所值。他提出了"比较优势"理论，这是国际贸易经济学的基石之一。尽管今天的自由主义经济学建制派将他视作自己人，但在他所生活的时代，人们认为他是一个激进分子。在政治上截然对立的两派经济学家都认为李嘉图的著作证明了自己的立场。也许在本书中，李嘉图比任何人都更能概括19世纪政治经济学中普遍存在的冷漠与无情。

独闯天下

李嘉图似乎注定要脱离主流。1772年，他出生在一个犹太股票经纪人家庭，他家是从阿姆斯特丹移民到英国的外来户。不过，这个家庭最初来自葡萄牙。父亲亚伯拉罕·李嘉图（Abraham Ricardo）于1812年去世，他的遗产价值约4.5万英镑，大约是当时英国普通工人年收入的1500倍。虽然不得不与14个兄弟姐妹分享这笔遗产，大卫有望继承的财产还是相当可观的。但事实上是不可能了。（父亲健在时）他爱上了一位贵格会信徒，并告诉震惊不已的父母他已经决定改变信仰。用一位传记作家的话来说，他的家人"完全没有接受"，他们与他断绝关系，并将他逐出家族生意。本书中的多位经济学家都靠别人的劳动为生，而李嘉图不一样，他被迫在这个世界上闯出了自己的路。

他进入金融行业，盯着政府债券的价格做投机买卖。对李嘉图在滑铁卢战役期间的所作所为我们无法确切地知晓——它甚至可能是不合法的，却为他的一生打下了基础。那是一个与哄抬股价反向的操作。他抛售手中持有的政府债券，并告诉所有人他这么做是因为他"知道"英国即将输给拿破仑。其他交易者也抛售了他们的股票。但多亏了他雇的间谍，李嘉图得以了解事情的真相。所有人都在卖出，国债价格一落千丈，而此时他大量买进。一旦英国赢得了战争，债券价格就会飙升。李嘉图因此赚了一大笔钱，有人估计这一次他赚的超过100万英镑——以今天的价格计算，大约是2亿英镑。

朗伯德街之狼 [1]

30岁时，李嘉图幸运地再也不用工作了。他在格洛斯特郡（Gloucestershire）的盖特科姆公园买了一幢巨大的乡村别墅，他在那里独自思考了很多问题（该别墅现在归安妮公主所有）。

倘若李嘉图从来没有作出任何理论上的贡献，他也会是著名人物。他当上了议员，强烈反对奴隶制，赞成减少判处死刑的罪行数量，并以喜欢和人争论而闻名。1823年，李嘉图给托马斯·马尔萨斯写了一封信，质疑他在一些理论问题上的模糊表述。当时，李嘉图因脑部脓肿正忍受着剧烈的头痛。信的开头是这样的："关于价值问题，我还得说几句。"

李嘉图对经济学产生了重大影响。1799年，他偶然发现了一本斯密的《国富论》，如饥似渴地阅读，并确定了自己的使命所在。李嘉图本能地认为政府对经济的干预把一切都搞砸了。1810年左右，英国发生了恶性通货膨胀，1812年的通货膨胀率达到了11%。社会上就通货膨胀的原因有过一场激烈的辩论。马尔萨斯给一家报纸写了一系列信，批评英格兰银行的货币政策（他认为央行印了太多的钞票，这是导致通胀最主要的原因）。这促成了大卫·李嘉图与托马斯·马尔萨斯的第一次会面。当时，马尔萨斯因其《人口原理》（*Essay on the Principle of Population*，1798）而闻名于世。两人很快成了朋友。詹姆斯·穆勒是约翰·斯图尔特·穆勒的父亲，也是李嘉图的朋友，他无意中发现了一本小册子，原来是李嘉图为跟马尔萨斯辩论的投稿。他敦促李嘉图把它写成一本完整的书。

---

[1] 朗伯德街（Lombard Street），伦敦一条著名的大街，是伦敦的金融和保险业中心，人们常将它与纽约的华尔街相提并论。

正如罗伯特·多尔夫曼（Robert Dorfman）所言，《政治经济学及赋税原理》（On The Principles of Political Economy and Taxation）"是从斯密的《国富论》到约翰·斯图尔特·穆勒的《政治经济学原理》（Principles of Political Economy）72年间出版的最权威、最具影响力的经济学著作"。这本出版于1817年的书有明显的缺点——文字枯燥无味得让人难以置信。实际上更糟，它写得很烂。试着理解一下下面的句子（反正笔者理解不了）："我绝不准备承认，尽管《谷物法》继续执行，我们可能没有一个更有限的繁荣衡量标准。"李嘉图认为自己"是个蹩脚的语言大师"。

这本书的主要内容也同样枯燥乏味。遵循苏格兰传统的作家是通过观察现实世界得出理论的，亚当·斯密尤其如此。在李嘉图看来，事实是为无能之人准备的；相反，他的著作具有深刻的理论性和抽象性。几十年后，阿尔弗雷德·马歇尔在将李嘉图的论证转化为数学方程时度过了许多愉快的时光。即使事实证明李嘉图的某一理论是错的，那也无关紧要——如果这些理论是依照逻辑由第一原理发展而来的，它们必然是正确的。[1] 这种方法被今天的经济学家称为"李嘉图的罪恶"。难怪国会议员亨利·布鲁厄姆（Henry Brougham）说李嘉图"是从另一个星球上掉下来的"。

一切都是值得的

李嘉图的理论众多，该从何说起呢？也许最好的切入点是他的价值理论。在讲述斯密的那一章，我解释了为什么李嘉图和其他经济学家如此痴迷于价值问题。笔者不清楚政治经济学家们是否真的通过这些谈话获得了真正有用的成果。罗伯特·多尔夫曼表示赞同，他认为，从现代读者的角度看，这种争论是"无休止的"，是"对文字和时间的极大浪费"。穆勒讽刺关于价值的争论是"一个纯粹为了满足好奇心的问题，没有任何实际用途"，这代表了很多人的观点。另一个问题是，这些理论都无法基于现实世界的证据来验证，我们无法知晓斯密、李嘉图或杰文斯是否正确。

尽管如此，李嘉图还是在"价值"问题上作出了很大的贡献。他并不否认供给和需求支配价值。但他认为这是一个"十足肤浅的观点，只是推迟了对相对价值的真正决定性因素的分析，即控制供给的因素"，乔治·施蒂格勒（George Stigler）如是说。

那什么才算是价值的"真正的决定性因素"呢？大致的共识是，李嘉图提出了"劳动价值论"。李嘉图写道："一种商品的价值或其将要交换的任何其他商品的数量取决于生产其所需的相对劳动量。"

尽管如此，帕特里克·奥布赖恩坚持认为，若要说李嘉图主张劳动价值论并不"全对"。在李嘉图看来，劳动起到了重要的作用，事实上是最重要的作用，但他也认识到资本同样发挥了重要作用。当工人制作椅子时，他们并非只用手，也使用工具或机器。人们认为花在工具和机器的这笔资金也必然产生一定的价值，否则，老板为什么要费心购买它们供工人使用呢？毕竟，老板需要获利。将资本纳入分析之中似乎是直觉的产物。

李嘉图在这方面做了一些限定，但基本上坚持劳动价值论。乔治·施蒂格勒说得最到位：李嘉图提出了"93%的劳动价值论"。有一点是肯定的，李嘉图只是从供给方面来解释为什么有些东西值钱，而没有考虑需求。[2] 有些经济学家认为他的理论是对斯密学说的关键性突破；其他人则看不出二者有什么区别。多达数百页的学术论文浪费在对这个问题的讨论上。知道的他们的想法相似就行了。李嘉图的价值理论将他引向了工资理论、地租理论和"比较优势"理论，正是这三个理论使他在今天成为最知名的经济学家。

令人不悦的工资

先谈一谈工资理论。李嘉图似乎支持所谓的工资基金说，它是古典经济学中的一个重要概念，源于重农主义者的《经济表》。这一理论之所以重要，是因为人们曾用它来解释为什么干预劳动力市场——比如赋予工会权力，是完全没有意义的。

李嘉图是如何得出这个结论的？要理解他的理论，需要弄清楚一些事情。工资基金并非一罐现金这种意义上的"基金"。你必会想到有两个时刻："阶段一"和"阶段二"。正如威廉·布赖特（William Breit）所说，至关重要的概念是"未来的工资很大程度上取决于现在的利润"。

李嘉图认为，在一个经济体中，"阶段一"上存在固定数量的物品（这是工资基金）。老板们可以出售这些东西，将其兑换成货币，然后以工资的形式支付给工人。如果不是销售已经生产出来的产品，支付工人工资的钱还能从哪里来呢？或许历史学家多丽丝·菲利普斯（Doris Phillips）更好地解释了这一观点："工资基金的概念起源于每年的收获，它在为下一次收获做准备时被消耗掉。工资基金可以被看作一种谷物储备，在工人工作和再生产价值时预付给他们。"

现在，设想老板们将自己所有的谷物全部卖掉，并以工资的形式全部付给工人。此时，他们已经没有任何东西可以投资生产"阶段二"的商品了，也就是说，没有为下一次收获播种用的种子了。

但是，如果工人愿意接受较低的工资，老板就可以保留一部分收成，从而可为未来投资。关键在于，如果工会迫使老板支付更高的工资，工人只能在短期内得到加薪，从长远来看，他们的工资将会降低。

但这并不是压低工人工资的唯一力量。李嘉图同意马尔萨斯在人口问题上的看法。如果工资上涨，不管什么原因，工人就会生育更多的孩子。他们就是忍不住不生。随着劳动力供应的增加，工资将回落到维持生计的水平。如今，历史学家将这一观点称为李嘉图的"工资铁律"。[3]

工资铁律有点复杂。有些历史学家认为，对李嘉图来说，"铁律"并没有那么"铁"。在相当长的一段时间内，付给工人的实际工资可能高于他所谓的"自然工资（actual wage）"。对此，他并不否认。我们究竟如何准确地定义"维持生计"？当然，此种逻辑应该以某种生理性的需求为基础，这样就可以与马尔萨斯的理论相一致了。也就是说，将维持生计的水平限定到这样一种程度：若低于它，人们就会死于饥饿或疾病。但是李嘉图不这么想。他把各种社会规范纳入他的"维持生计"定义。他辩称："英国农舍里眼下享受的多种便利，在我们早期历史中都会被认为是奢侈的。"出于同样的原因，我们是否也会把今天富裕国家支付的最低工资视为"维持生计"的水平呢？也许李嘉图会这么想。这让他的维持生计的最低工资"铁"律显得颇具弹性。

今天，没有哪位经济学家再相信工资基金说或"工资铁律"。首先，你不能假设工人拿不到工资，而老板会拿钱进行额外的投资——他们可能径直将钱塞到床垫下，或者分配给股东。实证研究没有发现充足的证据以表明工会导致工资在头一年上涨，而在下一年下降。如果你付给工人更高的工资，他们可能会更努力地工作，从而促成更高的工资和更高的利润。

如今，大多数人似乎对工资基金说曾被认真地接受感到困惑。大师保罗·萨缪尔森承认自己对"工资基金说的错误和空虚"感到震惊。苏格兰政治经济学家詹姆斯·博纳（James Bonar）认为，该理论"是一种典型的抽象且不真实的概念……它对经济理论声誉的损害可能比纳入经济学教科书的任何其他普遍原理的影响都要大"。李嘉图的传记作者奥斯瓦尔德·圣克莱尔（Oswald St Clair）认为，这个概念之所以存在这么久，是因为李嘉图名气太大了。

买地，就是现在！

然而，理解李嘉图的工资理论很重要。无论短期还是长期，工资都在不断下降，接近维持生计的水平，此观念是李嘉图地租理论的重要组成部分。[4] 这正是事情变得让人头痛的地方。地租理论听起来像是在说边际收益（笔者第一次接触到它时，当然认为它不值得费心）。事实上，它包含了一个让人警觉的信息。李嘉图认为，在资本主义制度下，唯一能发家致富的人是拥有土地的贵族。

李嘉图地租理论的重要之处在于它是悲观的。若想理解这一点，不妨把经济活动的主体分为三类：工人、资本家和地主。工人挣工资，资本家赚利润，地主收租金。工资是工人诚实劳动一天得到的报酬；利润是生产成本和销售价格的差额；李嘉图假设土地所有者只生产粮食，一旦地主出售了粮食，支付了工资和资本成本，剩下的就是租金。这一分析听起来类似于斯密在《国富论》中描述的内容："每个国家每年土地和劳动的全部产出……自然划分……为三部分——土地租金、劳动工资和资本利润，并为三个不同阶层的人带来收入。"

李嘉图得出了一个令人震惊的结论。依他看,在资本主义制度下,唯一能够越来越富裕的人是地主。即使经济增长,其他人的情况也基本不会变。他的想法大致如此。随着经济的增长,工资也会随之上涨,但工人的反应是生育更多的孩子,这又迫使工资回落。工人的境况并没有好转。

资本家比工人好不到哪里去。如果人口增长,粮食的价格就会比以前高。较高的粮食价格推高了资本家的工资成本,[5] 从而侵蚀了他们的利润。结果是,即使经济增长,资本家和工人都无法真正改善自己的状况。

地主就不是这样了。随着粮食价格的上涨,地主认为有必要开始耕种产量较低而生产成本较高的土地了。("产量较低"这一点真的很关键。)于是,地主将满足人口对额外粮食的需求,但粮食的价格比以前高。

随着粮食价格的上涨,地主开始从他们产量最多的土地上获得丰厚的回报。那些土地所出产的粮食的销售价格将远远高于其生产成本。李嘉图说地主赚取租金,土地越肥沃,地租就越高。根据李嘉图的说法,一旦"第二级肥力的土地用于耕种,第一级肥力的土地就会立即产生租金,租金将取决于这两部分土地的质量差异。"地主赚得盆满钵满,却牺牲了其他人的利益。随着资本主义的成熟,粮食价格进一步上涨,地主在总收入中占有越来越大的份额。地租越来越高。

不用说,这是一种对资本主义非常悲观的看法。李嘉图(认知中)的那些勤奋的资本家尽了最大的努力,仍然避免不了更高的工资成本和更低的利润。那些可怜的上了年纪的工人被迫靠领取救济过日子，而收入一增加就会生一大群孩子。⁶ 只有地主一定会获利，顺便说一下，他们实际上什么活儿都不干。

现代的学者通常认为李嘉图是早期资本主义最热心的倡导者之一，但李嘉图的这一理论让他们大吃一惊。李嘉图是自由市场的伟大理论家，而实际上他对这个制度没有信心！他的观点也与亚当·斯密更为乐观的观点大相径庭，斯密认为每个人都会变得更富有。⁷ 罗伯特·海尔布隆纳（Robert Heilbroner）认为，李嘉图和斯密在理论上的根本区别是"斯密没有认识到土地是进步的瓶颈。在斯密看来，肥沃的土地并不短缺，因此，不存在租金随人口增长而上涨的空间。"唐纳德·温奇（Donald Winch）换了一种说法："工资或维持生计的商品价格的长期上升趋势……是将斯密的世界与马尔萨斯、李嘉图及其追随者的世界截然分开的主要观点。"

那么，李嘉图的理论在现实世界中是否成立呢？显然立不住脚。看看英国的数据，粮食价格并没有随着时间的推移而不断上涨。事实上，自李嘉图写完他的小册子以来，粮食已经便宜了很多。土地所有者并没有越来越富有，实际情况恰恰相反。正如托马斯·皮凯蒂（Thomas Piketty）的计算结果显示的，随着资本主义经济的发展，农业用地的价值相对社会总体财富的占比已大幅下降。

从整体经济看，农业用地价值的下降部分地缘于英国在19世纪突然向对外贸易开放了港口，从而降低了食物的价格，使工人和资本家受益，却损害了地主贵族的利益。在废除《谷物法》后的5年里，"体面生活必需品的篮子"的价格下降了20%，从每人每年19英镑下降到15.5英镑——该"篮子"里主要是粮食。当然，投入越来越少，农民的产出却越来越多，也就是说，农业产量增加了。

英格兰的重农主义者

李嘉图怎么会犯这么大的错误呢？让托尼·里格利困惑的是，李嘉图为什么没有指出"有迹象表明，在社会创造财富的能力方面，一段会取得革命性进步的时期即将到来，大众的生活水平会因而受益"。这一点很有强调的必要。他被誉为有史以来最伟大的经济学家之一，在世界上第一次 GDP 快速增长的时期著书，却认为这是不可能发生的事情。

若要解开这个谜题，有几个可行的办法。里格利认为古典经济学家没有认识到无生命的能源对工业革命的重要性，如煤炭。的确，李嘉图几乎没有讨论过能源经济学。换句话说，他的悲观主义"应该被理解为与他内心没有明言的信念紧密相关，这个信念就是生产过程中唯一主要的能源都是有生命的"，即人和马。

但里格利的解释并非唯一可能的解释。尽管李嘉图时代的 GDP 增长迅速，但英国人的平均生活水平几乎没有什么提高。在李嘉图成年期间，（英国民众的）平均实际工资每年增长约 0.4%。正如罗伯特·艾伦（Robert Allen）指出的那样，工业革命早期的特点是资本家的利润不断增长，而普通人的工资却停滞不前，这与富裕国家目前面临的情况没有什么不同。对于生活在那个时代的很多人来说，从长远看，资本主义能否真的提高民众的平均生活水平并不清楚。很多人担心的正是李嘉图担心的：经济增长的好处只会惠及一小部分人。

顾及政治

另一种可能的解释是李嘉图不相信自己的理论——于笔者而言

说，这正是妙不可言之处。或者换一种说法：就像 18 世纪法国的其他重农主义者一样，李嘉图提出这个理论是否怀有其他的动机？

不了解《谷物法》，就不可能理解李嘉图的地租理论。早在 12 世纪，英格兰就施行了针对谷物的法律，主要是为了让农业生产者受益。这样一种观点在当时流行：为了国家的安全，需要保证粮食供应。与其他国家关系友好时，进口粮食没有问题，一旦两国交恶，那势必就要自力更生。

《谷物法》提高了进口粮食的价格，从而保护了国内生产商。影响粮食进口的具体规定每年都不同，因此法律变来变去。但是，根据 1828 年的一项法案，如果小麦的价格是每夸特（quarter）52 先令或更低，进口关税将是 34 先令 8 便士。[8] 加价非常高。

李嘉图不太喜欢这种状况。他在与马尔萨斯的通信中谴责了《谷物法》，马尔萨斯则反过来为《谷物法》辩护。在李嘉图看来，《谷物法》允许地主以牺牲他人利益为代价收取高额租金。他们之所以能这么做，是因为相关法律将英国的农产品市场与世界其他地区隔离开来。由于农业用地的供应仅限于英国的存量，任何幅度的粮食需求的增加都会推高英国的粮食价格，使得地主获得巨额租金。马尔萨斯反驳说，支持支付给国内农民的价格将有助于地主扩大生产。

马尔萨斯和李嘉图之间的分歧到底是什么性质的并不重要。之所以立场不同，可能是源自二人的背景有很大的不同。如马尔萨斯那一章所述，他出身于贵族世家。[9] 相比之下，李嘉图是一个暴发户，靠股票"交易"大发横财（远不如马尔萨斯来得体面）。那么，他们中一人支持有利于乡村贵族的法律，另一人则强烈反对，也就不足为奇了吧？

回到李嘉图的论点。他说，设想如果英国突然开放港口，可以从任何地方运来粮食。如果粮食需求增加，则无需去找英国的地主，因为他们会收取高价；相反，你可以直接以世界市场的价格进口更多粮食，如从俄罗斯或美国进口。工人的工资可以提高，资本家的利润也可以提高。随着资本家利润的增长，他们有能力进行更多的投资，从而使英国成为一个更富有、生产力更高的地方。

换句话说，最好把李嘉图的地租理论理解为一种具有政治目的的经济理论。他认为英国必然会出现超级富有的贵族阶层，其目的是说服议员们废除《谷物法》。[10] 李嘉图认为"地主的利益始终与其他社会阶级的利益相对立。"早在《谷物法》最终被废除之前，李嘉图就过世了。1846年，他的侄子成为国会议员，投票支持废除该法。[11]

布和葡萄酒

"比较优势"理论是李嘉图最著名的经济学贡献，它与贸易有关。简而言之，李嘉图表明，国际贸易使各国能够以低于国内的价格购买商品，即减少了劳动时间的消耗。但至关重要的是，他证明了即使一个国家在所有产品的生产上比另一个国家更有优势，两个国家也可以从国际贸易中受益。

很简单，李嘉图想要找到国家之间进行贸易的有利条件。重商主义思想家支持贸易。或许有超出一半的人支持贸易，但是他们中大多数认为进口毫无益处。毕竟，进口会导致国家金银的流出。再回想一下认为贸易顺差有助于增加就业的重商主义观点。如丹尼尔·伯恩霍芬（Daniel Bernhofen）和约翰·布朗（John Brown）所言，如果必须进口，最好进口"使用劳动量最少的东西，比如原材料或食品"。

然而,从18世纪开始,亚当·斯密等经济学家开始认为各种进口实际上可能对经济有益。这样的观点很容易让人在直觉上认为是对的。在1700年至1800年间,英国的进口额增长了5倍。但在那个阶段,英国也是一个比较富裕的国家,人均GDP在欧洲诸国中是最高的。如此说来,进口真的那么有害吗?

更为正式的说法是:进口可以"释放"国内经济中的资源,从而更好地利用这些资源。以今天的英国为例,该国的服装几乎都是进口的。如此,英国的劳动力和资本就不用不停地消耗在做衣服上,而可以投入其他收益更高的工作。斯密的《国富论》就做了这类论证。经济学家称这个概念为"绝对优势"。如斯密所言:"虽然我们能够生产某种商品,但若某国可以给我们供应,且比我们自己生产还便宜,我们最好用自身拥有一定优势的产业的收入购买他们这类产品。"(当然,这给引入保护主义政策带来一个大问题,如引入关税或退出贸易协定。过去经常进口的一些东西,即使并非自己所擅长,现在也不得不自己生产了。)

然而,绝对优势并不等同于比较优势。李嘉图以葡萄牙、英国的葡萄酒和布为例。请记住,体现比较优势且对双方有益的一种方式是:英国出口布,葡萄牙出口葡萄酒。李嘉图认为,葡萄牙在生产布和葡萄酒方面都比英国强,也就是说,葡萄牙生产这两种商品所投入的劳动量比英国少。[12] 按照斯密的方法,葡萄牙不从英国进口似乎是有道理的。用他的话说,"外国——此处指英国——提供给葡萄牙的商品不会比葡萄牙自己生产的更便宜"。

李嘉图的逻辑更进一步:问题是,葡萄牙相对地更擅长生产葡萄酒还是布?[13] 在李嘉图举的例子中,葡萄牙生产葡萄酒的效率更高，这意味着若要生产额外的葡萄酒，葡萄牙需要放弃的布的产量相对较少。因此，根据李嘉图的说法，葡萄牙应该生产葡萄酒，而英国应该生产布。葡萄牙出口葡萄酒，英国出口布。在这种安排下，英国和葡萄牙都可以比在其他任何安排下消费更多的葡萄酒与布。寥寥数语就把国际贸易的神奇之处说得清清楚楚。

这也是该理论的精髓所在。但它有多大的用处呢？当有人要求保罗·萨缪尔森指出社会科学中一个既正确又重要的观点时，他说的是"李嘉图的比较优势理论"。但正如阿诺·科斯蒂诺（Arnaud Costino）和戴夫·唐纳森（Dave Donaldson）所指出的那样，萨缪尔森真正的意思"是指，李嘉图的比较优势理论在数学上是正确的，但其有效性没有经过验证"。伊恩·戈尔丁（Ian Goldin）则更进一步地指出："尽管这一理论是经济学的核心，但它却陷入了僵局，其用途主要限于阐释经济原理，实践中并没有证据证实它。"问题在于，（尽管包括科斯蒂诺和唐纳森在内的一些经济学家在这方面做得很好）相对生产率很难衡量——相对生产率描述的是一个国家在放弃生产 Y 商品的情况下，可以多生产多少 X 商品。因此，虽然比较优势是一个令人信服的理论，但并不能足够清晰地解释现实世界。换句话说，这是典型的李嘉图风格。

意料之外的结局

在本章结束时，还有一个小问题需要说明一下。它涉及李嘉图的价值理论，该理论产生了一个意想不到的结果——催生了一批空想社会主义思想家，甚至可能是第一批社会主义思想家，他们被称作"李嘉图社会主义者"。几乎可以肯定地说，他们对卡尔·马克思的思想产生了影响。没有李嘉图社会主义者，可能就不会有马克思主义。

这是怎么发生的呢？1817年，李嘉图出版《政治经济学原理》（*Principles of Political Economy*）的这一年是艰难的一年：从拿破仑战争前线归来的大批士兵推高了失业率；食品价格居高不下；当时的社会制度似乎不适用于很多人。因此，激进分子想要得到一个解释：资本主义是否天生存在缺陷？他们在李嘉图的劳动价值论这里找到了依靠。

回顾一下，在一定条件下，李嘉图认为工人创造了所有的价值。李嘉图社会主义者接受了这一理论，并在伦理层面做了转折。他们问道：如果价值是工人创造的，那么，资本家赚钱有何公平可言？资本家所做的就是坐在那里，看着现金滚滚而来。马克思主义经济学家普拉巴特·帕特奈克（Prabhat Patnaik）认为，李嘉图社会主义者"提出了本质上属于天赋人权的教旨，即作为唯一有效的财富创造者，工人自然拥有所有产品的权利，利润和地租都是被从工人手中夺走的"。1821年，李嘉图社会主义者皮尔西·雷文斯通（Piercy Ravenstone）指出，"勤劳劳动者的剩余产品"为"不用工作的人提供了生活资金"。（请记住，这是在马克思开始批判资本主义制度之前说的！）另一位李嘉图社会主义者威廉·汤普森（William Thompson）认为，在自由市场竞争中，资本家从工人手中攫取了如此多的价值，以至于工人只能勉强维生。[14]

李嘉图社会主义者的论点显然忽略了资本的真正价值所在：节俭和冒险。资本家也会管理生产过程。[15]与李嘉图社会主义者的观点相反的是，资本家确实创造了价值，因此，他们如果妥善地管理投资，自然就有权获得利润。但是，先不要管这个理论是对是错，更有趣的是，它听起来极具马克思主义色彩。安东·门格（Anton Menger）在1899年写道，威廉·汤普森是"科学社会主义最杰出的创始人"，"马克思和罗德贝图斯（Rodbertus）直接或间接地从他那里得出了各自的观点"。保罗·萨缪尔森曾称马克思属于"少数后李嘉图学派"。毫无疑问，如果李嘉图和马克思生活在同一时代，他就会像跟托马斯·马尔萨斯辩论一样，乐于跟马克思进行思想上的交锋。此刻，有一件事值得特别注意：今天人们心目中抽象的古典经济学之父之一竟然遗赠给世界一个卡尔·马克思，这不啻是历史上的一件怪事。

10

让－巴蒂斯特·萨伊
Jean-Baptiste Say 1767—1832
约翰·梅纳德·凯恩斯假想的对手

大卫·李嘉图对让－巴蒂斯特·萨伊评价不高。他在1814年给托马斯·马尔萨斯的信中写道:"应穆勒先生的要求,萨伊先生从伦敦前来见我。"虽然萨伊是个"令人愉快的人",但李嘉图指出,"我认为他书中的很多观点远没有那么成熟,尚有漏洞……在我看来,他虽然写得还不错,但对于所涉及的主题并不十分了解,若谈起来,似乎准备不足。"

今天,大多数人和李嘉图一样,对萨伊的评价不高。最让他广为人知的是一个看起来乐观得荒谬的经济运行理论:"萨伊定律"。凯恩斯在1936年对它做了简明扼要的表述:"供给创造自己的需求"。正如我们将要看到的,该理论假定经济总是处于完美平衡的状态,衰退是不可能的。实际上,自从"萨伊定律"被提出以来,资本主义国家经历过多次经济衰退。即使是萨伊在世时的证据也与该理论相矛盾:19世纪,他的出生地法国经历了大约15年的银行业危机。

还有比这更确凿的证据可以证明萨伊的观点是错误的吗？

现代人对萨伊的理解部分源于历史学家的著作。笔者能找到的最早关于"萨伊定律"的说法出现在1909年，那已经是萨伊去世数十年以后的事了。检视萨伊实际争论的内容，就会发现萨伊是一个（比我们此前所认为的）更复杂、更发人深省的人物。他以一种引人入胜且易于理解的风格撰写有关经济学的文章，而本书所讲述的很多经济学家都不是这样的。就以他的名字命名的理论而言，他的思想远比包括凯恩斯在内的最尖锐的批评者所认为的更微妙。

差不多在射程之内

1767年，萨伊出生于里昂的一个胡格诺派教徒家庭。[2] 他的父亲是商人。跟多位古典学派经济学家一样，萨伊在不同的国家从事过不同的职业。他曾在军队短暂服役。32岁时，萨伊被拿破仑任命为监督立法的委员会成员。1803年，他发表了《政治经济学概论》(*Treatise on Political Economy*)。这本书激怒了拿破仑，也许不是因为其主旨有什么实质性的问题，而是正如其1834年美国版的前言所讲，它"被认为具有独立的见解"。退休后，萨伊回到法国的农村，在那里编辑一种哲学期刊。没有出版商愿意出版他的作品。政府再次邀请萨伊担任公职，他拒绝了，并认为自己作为经济学家的职业生涯已经结束。他曾考虑移民美国，但没有付诸行动，部分原因是他无法容忍生活在一个存在奴隶制的国家。

后来，萨伊开始经商。约瑟夫·熊彼特视此为萨伊一生中的关键时刻。从商的经历告诉他理论的价值是有限的，现实世界的经验同样重要。正如格温·刘易斯（Gwynne Lewis）所言，萨伊不喜欢

"代数公式",而且"试图将经济问题与现实生活中的人而不是抽象的原理联系起来"。他坚持做研究。1820年,失宠的状态似乎结束了,他在巴黎音乐学院被选为法国历史上第一位经济学教授。几年后,英国也设立了相同的教席,他为之高兴。1824年,他写信给杰里米·边沁(Jeremy Bentham):"约瑟夫·休谟(Joseph Hume)[3]告诉我,你要在伦敦设立一个政治经济学教授职位。好极了!"[4]

萨伊最令人关注的研究集中于英国经济问题。在18世纪和19世纪的法国,很多人担心自己的国家正在经济上输给英国——正如我们在第5章(弗朗索瓦·魁奈)已经看到的那样,这也是重农主义者思考的一个主题。不幸的是,对法国经济表现的担忧是确有根据的。在那200年里,法国政府6次拖欠外债,而英国一次也没有。[5] 1600年至1850年,法国的人均GDP增长速度仅为英国的三分之二,而法国的人口增长要慢得多。1805年的特拉法尔加海战(Battle of Trafalgar)使英国取得了对法国的决定性胜利,在接下来的一个世纪左右的时间里,英国成为主要的海上强国。

科尔贝的深远影响

1814年,萨伊接受委托,开始调查为什么英国的经济状况比法国好很多。用今天的话讲,他就是所谓的"工业间谍"。萨伊的任务是不声不响地走访工厂和办公室,了解英国人的经营秘密。[6] 他是干这活的最佳人选,不但会说英语,早年还在伦敦的富勒姆区住过一段时间。不过,更重要的是,他有经商的经历,而且是一个经验主义者。正如萨伊自己所说的:"我并没有具体的假设需要支持,只是渴望揭示财富的生产、分配和消费方式。只有通过观察才能了解事实真相。"

若要正确理解萨伊的方法,最好的办法是拿它跟李嘉图的方法作一下对比。李嘉图喜欢理论,他的著作很少讲事实,高度抽象。李嘉图在很大程度上依赖演绎推理:如果 X 为真,Y 为真,则 Z 也一定为真。萨伊则完全不同,他更依赖归纳推理:如果到目前为止所有 X 都是 Y,那么下一个 X 可能是 Y。两人的另一个不同之处在于,萨伊不想陷入专业术语的云山雾海。萨伊的传记作者罗伯特·罗斯韦尔·帕尔默(R. R. Palmer)认为他是在"用非技术性语言为有思想的非专业读者写作"。

埃弗特·斯霍尔(Evert Schoorl)是最好的萨伊传记作者。据他说,在英国执行"间谍"任务时,萨伊走遍各地,到过伯明翰、曼彻斯特和利物浦,还去了格拉斯哥,并有幸坐过亚当·斯密的椅子。[7] 在旅途中,萨伊也回到住过的地方,并对伦敦快速的经济增长感到震惊。他回忆说:"我过去常常在一片可爱的草地上愉快地散步,现在它成了一条满是商店的街道。"萨伊对这个国家的资本主义精神惊奇不已,他夸张地说:"在英国,你看不到任何游手好闲的人,每个人都在奔波,全神贯注地做自己的事。"他怔怔地看着装满进出英国货物的巨大港口。正是在这次旅行中,萨伊遇到了李嘉图,但没有给李嘉图留下深刻的印象。他还见过边沁和马尔萨斯,至于是否给他们留下了比较好的印象,我们不得而知。很难相信,萨伊的人脉竟然如此之广。似乎很多英国政治经济学家都听说过萨伊的《政治经济学概论》(1803 年出版,英文版直到 1821 年才问世),希望见到它的作者。(1820 年,约翰·穆勒跟萨伊在巴黎有过交集。)

但萨伊并不认为英国什么都做得很好,远非如此。他注意到,在其所到之处贫穷的景象到处可见。据他估计,有三分之一的英国人依赖救济生存。他不无忧心地看到，由于书价太高，普通人读书越来越少；他也注意到，因为急于赚到更多的钱，店主将葡萄酒稀释了再卖。[8] 对利润的追逐已经让社区意识受到了腐蚀。

萨伊的旅行报告已经遗失。但我们可以猜到他会提出什么建议。斯霍尔推测，萨伊对英国工厂所用技术的看法可能会让安排他"间谍之旅"的法国官员感兴趣。萨伊可能会警告：不能增加过多的公共债务。

并非如此

讽刺的是，尽管萨伊公开表示偏爱基于现实世界的分析，但今天，他却是因抽象思维而广为铭记。他确实不时地喜欢抽象思维。例如，他猛烈抨击斯密关于价值的讨论。正如埃韦林·福尔热（Evelyn Forget）所说，萨伊对斯密论点的解读"极为无情"，但不无启发性。

斯密在很大程度上是赞成"劳动价值论"的，这一概念本质上指生产一种产品的劳动量决定了它的价值。萨伊坚决不同意这个观点。他对斯密的愤怒源于斯密似乎把所有的劳动都看成同质的。正如福尔热所言，萨伊指责斯密忽视了一个事实，即"不同类型的劳动因其生产的产品效用不同而获得不同的报酬"。萨伊的这番话，首先将商品的效用当成了其价值的决定因素，而商品效用即它们被需要的程度。从这个意义上讲，萨伊预见了 19 世纪末出现的关于价值的争论，特别是与威廉·斯坦利·杰文斯的争论（参阅第 15 章）。

然而，最重要的是，萨伊以其声名狼藉的定律而闻名，它是最抽象的抽象观点，凯恩斯对它进行过严厉的批评。几乎每个谈论该定律的人都误解了它。在某种程度上,这是萨伊自己造成的,因为他的措辞不太准确。正如威廉·鲍莫尔(William Baumol)所写的那样,"从李嘉图到熊彼特等评论家都评论过他不清晰的观点"。

对"供给创造自己的需求"最简单的误读是将其理解为"任何生产商品的人必将成为它的购买者"。显然,这种说法完全是无稽之谈。如果有人开了一家公司,生产一加热就会融化的平底锅,肯定没有人买,企业会倒闭。萨伊甚至没有提出过与之接近的观点。对"供给创造自己的需求"比较诱人的解释是,通过创新产品和服务,企业让人们第一次意识到他们想要什么。在苹果手机出现之前,很少有人想坐在火车上观看猫的视频。从这个意义上讲,供给在某种程度上可以创造需求。但萨伊心里并不是这样想的。

那么,萨伊主张的到底是什么呢?他写道:"正是生产开启了对产品的需求……也就是说,仅仅是创造一种产品的环境就为其他产品打开了需求的通道。"当企业生产一种商品时,该商品的价值至少应等于该产品所体现的工资价值、原材料成本以及部分利润。换句话说,只有通过生产(增加供给)我们才能获得收入(从而增加需求)。[9] 在生产过程中,企业会支付工人工资,从而增加工人的收入,工人可以花这些钱。换言之,就像威廉·威特(William Thweatt)所说的,生产过程"产生需要这些产品所必需的收入"。

也许理解"萨伊定律"最好的方式是把经济看成自给自足的农民。农民每年消费自己所生产的物品。用这样的方式思考复杂的经济,如《经济学人》的文章所言:"成员购买的、在成员之间分配的完全是这些成员共同生产的商品和服务。所产、所赚和所买完全相同,是商品和服务的'丰收',也就是更为人们所知的国内生产总值。"

你不懂农业

萨伊的观点明显跟马尔萨斯、曼德维尔和重商主义者的观点相左,他们担心的是"消费不足"。也就是说,富人将大量获利积存起来,而不是将其花掉。富人的消费不足会导致工人失业增加、工资下降。正如我们在讲述让-巴蒂斯特·科尔贝和重商主义者的第1章所见,解决这些问题的办法是让富人随意地消费。

然而,萨伊并不担心这些。由于生产有助于创造收入,需求和供给始终处于平衡状态。富人储存的钱只会降低其他人借钱的成本(因为有更多的钱需要贷出去,利率自然会下降),这将刺激消费[10]。同样地,无论失业率因何上升,工资都会下降,直到某一天,雇主能够并且愿意再次雇人。城市的主要商业中心不会有空置的店铺:如果一家企业关闭,其所占用的店铺租金立即就会下降,终会降至其他企业愿意承租。就像遵循自然法则一样,经济会恢复平衡,不会出现"过剩的产能"。用鲍莫尔的话说,市场法则是"不可能出现需求普遍不足的情况"。在写给马尔萨斯的信中,李嘉图评论"萨伊定律":"不存在需求不足"。

如何理解这些论点?关于"萨伊定律",首当其冲的观点是,它根本不是萨伊的定律。亚当·斯密在《国富论》中提出过类似的观点。斯密认为生产过程创造了价值,然后这些价值会被消耗,用于消费或投资。斯密称:"跟每年的消费一样,每年储存的资本照例会被消费,而且几乎是同时发生。"这种观点认为,仅仅把钱存起来而不借出去是完全不理性的,因为把钱存起来就意味着无法赚取利息。帕特里克·奥布赖恩谈到过"斯密-萨伊理论,即储存行为和投资行为是同一的"。约瑟夫·斯彭格勒指出"萨伊-穆勒的'市场法则'"则更加让人困惑了。

"萨伊定律"简洁而优雅，且逻辑清晰，但与人们的生活经验相违背。正如萨伊在自己的著作中所指出的那样，18和19世纪的经济一点儿也不稳定。我们可能会（正确地）抱怨资本主义的兴衰趋势，但与生活在18和19世纪的人的所见所闻相比，我们的经历可以说是微不足道的。1826年，英国的GDP缩水5%，次年上升了8%。1891年，英国的GDP增长3%，第二年下降了3%。没有什么证据表明经济能够自我调节。当萨伊在这个世界上最先进的资本主义国家游历时，其失业率高达10%。相对于需求而言，供给似乎过多了，需要工作的人太多了，想要雇用他们的人太少了。令人惊讶的是，乍看之下，任何目睹此景象的人都可以坐下来构想出一个"定律"，主张经济当然会自我调节。

理论和证据能一致吗？李嘉图认为经济衰退是由一些外部冲击造成的，如"贸易渠道的突然变化"。一场战争或瘟疫可能就让经济失去平衡，但经济衰退无论如何都不是资本主义所固有的。针对经济衰退的原因，萨伊没有明确的答案。但考虑到自己的理论，他意识到需要做很多解释才行。在1821年致马尔萨斯的一封信中，萨伊说他的"注意力全都放在调查上，它对当前的社会利益影响重大：世界上所有市场普遍供过于求的原因是什么？如此一来，商品岂不是不停地被亏本出售？"

回溯起点

萨伊似乎承认了，在短期内看，他的定律站不住脚。消费者和企业的信心问题至关重要。也许是因为担心银行破产，富人才决定将他们的钱囤积起来。富人如果自己不买东西，也不把钱借给其他购买者，就不会为经济贡献需求。萨伊回忆起 1813 年发生的事情，当时"资本在资本家的金库里睡大觉"，为的是"等待良好的投资机会"。经济史学家马克·布劳格（Mark Blaug）谈及萨伊时说："从逻辑上讲，普遍的供过于求并非不可能，所需要的只是……持有货币的需求要增加。"（浅白地说，就是把钱塞到床垫下的人要增多。）

萨伊还认为短期内社会可能会过度生产某类产品（相应地，有些产品可能会供不应求）。正如史蒂文·凯茨（Steven Kates）所言，生产过程中可能会犯这样的错误，"生产者生产的与购买者想要购买的并不一致"。如果是这样，商品将继续滞销，（生产者的）收入下降，就业减少，（市场）对其他产品的需求也会随之下降。凯茨认为："某些经济领域的部分产品过剩可能会影响整个经济，并常常以经济衰退而告终。"

这些限定条件是否削弱了"萨伊定律"整个论点的权威性？其论据似乎是在非平衡状态之外经济总是处于平衡状态。这算不上什么理论。但萨伊主要关注的是长期经济状况。在他看来，经济自然是自我修正的。任何不平衡只能持续一定的时间。例如，如果人们想持有更多的钱，商品价格就会下降，最终人们又会开始购买。或者，相对于可以获得的潜在利润，投资成本看起来比较有利了。正如布劳格所言："自由企业资本主义经济具有回归充分就业的内在趋势，这确实是其经济活动的正常状态"。人们普遍把萨伊看成主张自由放任的思想家就源自这种解释。如果最终一切都会好起来，政府几乎没有干预的必要。

但这是正确的解释吗？实际上，很多迹象表明萨伊并不认为资本主义社会注定会最终实现充分就业。例如，萨伊显然非常担忧今天的经济学家所说的"技术性失业"。这可能会导致一种稳定的状态，在该状态下，供给等于需求，但某一特定阶层会在结构上被排除在经济活动之外。埃内斯托·斯克雷潘蒂（Ernesto Screpanti）和斯特凡诺·扎马尼（Stefano Zamagni）认为："在任何就业水平之下，总供给和总需求都有可能相等。"

萨伊是在英国旅行时构想出其技术失业理论的。正如斯霍尔指出的那样，对于"普通工人阶层的极度贫困"，萨伊无法视而不见。随着英国工业化的迅速发展，很多旧的做事方式已不再有利可图，从事某些行业的人会突然之间陷入失业，而且缺乏很快找到新工作的必要技能。萨伊在1821年写道："每当一种新机器……取代了以往所需的人工时，部分勤劳的人就被解雇了，因为他们的服务被巧妙地弃用了。"尽管萨伊使用了"巧妙地"这个词，但没有迹象表明他认为这是值得欢迎的事。萨伊认为经济是高效的，但他并不认为它们总能带来社会所期望的结果。

我只知道我不是一个萨伊主义者

不管"萨伊定律"是否真的属于萨伊，或者萨伊自己是否真的认为它是对的，很多经济学家自称是他的追随者。确实，在凯恩斯出现之前，大多数经济学家都认为需求不足不会导致经济衰退。凯茨说："经济衰退和随之而来的高失业率从来都不是需求不足的结果。凯恩斯之前的一流经济学家都同意这个观点。"相反，（他们认为，）衰退可能是由一些不可预测的事件引起的，比如自然灾害或和平时期（对某种生产）的遣散，又或（消费者）品味或（生产）技术的突然变化。事实证明，萨伊断言"普遍的供过于求"不会发生是完全错误的。《经济学人》的文章指出："但他认为它们不应该发生的说法，是正确的……一个因消费不足而陷入贫困的经济体是反常的。这就像一个勉强维持生计的农民不耕种自己的土地，填不饱肚子。即使吃得比想要的少，还要少耕少种。"经济学家最终意识到，要把农民从麻木的饥饿状态中唤醒，可能需要政府的支出。

11

托马斯·罗伯特·马尔萨斯
Thomas Robert Malthus 1766—1834
憎恶穷人的悲观傻瓜?

    英语中几乎没有比"Malthusian"(意为"马尔萨斯的"或"马尔萨斯人口论的")更令人恐惧的单词了,它让人联想到饥饿的儿童及其瘦弱的身体、贫穷和战争。这个形容词是以担心孩子出生过多而导致"人口过剩"的人命名的,此人就是托马斯·罗伯特·马尔萨斯。他憎恶穷人,是自由放任经济学教条的信徒。人们认为他应该受到谴责。著名的议会改革家威廉·科贝特(William Cobbett)咆哮道:"马尔萨斯及其信徒"是一伙"愚蠢而自负的人",他们"想要取消济贫税(Poor Rates)[1],并阻止穷人结婚"。唐纳德·温奇指出:"在马尔萨斯活着的时候,'马尔萨斯的'已经是一个用来辱骂人的词了。"在仅有的留存于世的几幅肖像中,他看上去是一幅邪恶的模样。哈丽雅特·马蒂诺(我们将在本书的第 14 章了解她)评论了马

---

[1] 济贫税,英格兰和威尔士在每个教区征收的财产税,用于救济穷人,其法律依据为《济贫法》,该法律先后颁布过不同版本。

尔萨斯的"被滥用",并想知道"它是否令你(指马尔萨斯)有过片刻清醒"。马尔萨斯回复说:"头两周还行,之后就再也没有清醒过。"

然而,马尔萨斯因什么而被后人记忆,与他实际的观点之间是有差别的。他不是本书中最出色的思想家,但他也不像人们说的那样是个吝啬鬼。他对人口问题的看法比人们通常认为的要复杂得多。凯恩斯后来的著作很大程度上受到了他的启发。

马尔萨斯生于1766年,恰逢工业革命的开端。1788年,他以数学成绩第九名的成绩毕业于剑桥大学耶稣学院。随后他就面临一个窘境。马尔萨斯来自一个富裕的地主家庭,但作为次子,没有任何继承权。[1] 他需要赚钱。他唇裂,说话结巴得很厉害。哈丽雅特·马蒂诺称马尔萨斯的讲话"因上颚的缺陷而毫无希望地无法完美"。这就将他当律师、加入陆军或海军的可能性排除了——看来,唯一的选择就是当牧师。他也只好如此了。大学毕业后,他在萨里郡(Surrey)的一个教区担任助理牧师。对宗教的极度虔诚,很大程度上启发了他的写作。

1798年,《人口原理》发表,马尔萨斯一举成名。该书是这样进行阐述的。几个世纪以来,人们普遍认为人口快速增长是件好事(参见讲述威廉·配第爵士的第2章)。对于这样的想法,马尔萨斯表示怀疑。后来,他接触了威廉·戈德温和孔多塞等"乌托邦"思想家的著作。实际上,这两人写的书都主张人类的状况会越来越好。例如,预期寿命会持续延长。在胆战心惊的逃亡期间,孔多塞写出了《人类精神进步史表纲要》,它于1795年出版,即孔多塞去世后的一年。历史学家琼·巴勒克拉夫(June Barraclough)指出,《人类精神进步史表纲要》"描绘了人类从野蛮原始状态的源起发展到现在的九个阶段,并且,第十个阶段将会到来",这"标志着国家之间和各国内部不平等的持续减少,以及人类智慧、技术成就和道德水平的进步"。孔多塞认为,进步"会或多或少地快速发展,它永远不会倒退"。戈德温和孔多塞都将当时普遍存在的贫困和苦难归咎于政府的政策等因素。他们认为,政策的改善应该可以创建一个完美的社会,大量人口生活得富足、安全和舒适。

总之,这正是马尔萨斯要反对的。他在1798年出版的那部具有煽动性的著作有一个副标题:"对戈德温先生、孔多塞先生和其他作家推测的评论"。戈德温和孔多塞是乐观主义者,马尔萨斯则是悲观主义者。

马尔萨斯认为人类将永远地陷入贫困,不时遭受疾病、瘟疫和战争的无情打击。为了证明自己的观点,他提出了一些简单的规则。马尔萨斯认为食物的供应只能以算术级数增长,即1,2,3,4,5,6……,但人口呈几何级数增长,即1,2,4,8,16……。他所说的"人"实际指的是社会的底层人民。由于无法抵御性生活的冲动,他们会迅速地繁衍后代。因此,人与食物之间就会出现不匹配的情况,饥荒将随之而来。而后,人口将下降到一个可持续的水平。然后,随着工人数量的下降,他们的工资会上升。随着生活水平的提高,工人又忍不住要生更多的孩子。这个过程周而复始。因此,与乐观主义者的观点相反,马尔萨斯认为,希望人类的境况能随着时间的推移而逐渐改善是徒劳的,人类将永远陷入一个恶性循环而无法自拔。

这就是对"乌托邦"与马尔萨斯之争的极为简单的描述。历史学家盖尔·贝德曼(Gail Bederman)用一个时髦的表述概括了马尔萨斯的世界观,她说:"性欲"是"人类历史的发动机"。不过,实际情况要比这稍微复杂一些。

缺乏信仰

首先，至关重要的是要考虑马尔萨斯写作时所处的政治环境。当时，法国大革命已经过去大约 10 年了。孔多塞在这场动乱中扮演了领导角色，他希望这能促使他的国家走向完美。戈德温期望相似的结果。他在 1793 年出版的《关于政治正义的询问》(*Enquiry Concerning Political Justice*)实际上是一本无政府主义著作，因为它认为过时的社会规则（比如婚姻）会妨碍而不是帮助人们进步。显然，戈德温在很大程度上是支持法国大革命的。

很自然地，英国当权者担心英国会步法国后尘——爆发革命。当时，这两个国家正在法国革命战争中决一死战。尼罗河河口海战（Battle of the Nile）发生在 1798 年，特拉法尔加海战于 1805 年爆发。因此，唐纳德·温奇认为，在 18 世纪末，英国当权者已经准备好听取与孔多塞和戈德温等革命者互相矛盾的观点。人们希望确认革命者的激进理论是错误的。

这正是马尔萨斯的切入点。在批判乐观主义哲学时，他本应把著作的目标对准很多人。苏格兰哲学家亚当·弗格森（Adam Ferguson，1723—1816）在 1767 年曾说："人"是"能够进步的，而且本身有进步的规律和追求完美的愿望"。但马尔萨斯想出名。事实上，他需要这么做。作为剑桥大学的教授，他的薪水少得可怜；作为助理牧师，他挣得也不多。所以，他当然会挑孔多塞和戈德温的刺了，他知道如此一来，公众会对他刮目相看。唐纳德·温奇说得很清楚："作为抨击孔多塞和戈德温的完美主义的第一人，人们认为马尔萨斯后来受益于英国反雅各宾主义的情绪。"对于自己的机会主义，马尔萨斯也有所暗示，指自己是"一时冲动"才写出 1798 年的那篇文章。

马尔萨斯特别攻击戈德温，还有一个更深层的原因。戈德温刚刚为他已故的妻子玛丽·沃斯通克拉夫特写了一本传记，详细描述她与其他男人的性接触。正如贝德曼记载的那样，自由性爱的出现与法国大革命联系在一起。我们只能想象马尔萨斯牧师内心有多么不喜欢这种性关系开放的思想。一想到除了社会道德沦丧，性自由还会导致其他问题，他就感到厌恶，并想要证明自己的这一预判是正确的。

马尔萨斯与孔多塞、戈德温之间分歧的性质也比一般认为的更为复杂。托马斯·索厄尔（Thomas Sowell）指出，乌托邦主义者"认识到了人口离开生存手段便无法存活这不言而喻的事实"。的确，很明显，如果没有食物，人就无法生存，这是自明之理。孔多塞明确指出，在某些情况下，食物供应的增长不够快，不足以养活人民。但这并非他们与马尔萨斯的根本分歧。

他们的区别在于各自对人类行为的看法。乌托邦主义者基本上认为人类是理性的、有前瞻性的。人们会意识到，若是生活勉强糊口，生30个孩子可能不是一个好主意。马尔萨斯并不认为人（尤其是穷人）会那么理性。他认为，只要有一点点机会，他们就会疯狂地生育。马克思评论说，这一观点完全是"对人类的诋毁"。

把大部分人赶出去

马尔萨斯确信劳动阶级永不满足的性欲望会使他们陷入"流行病、战争、杀婴行为、瘟疫和饥荒"。对此需要做些什么呢？功利主义者提出了一个对大多数现代读者来说显而易见的建议：节育。按照马尔萨斯的逻辑，限制劳动阶级的人口增长会保证他们过上更高水平的生活。相信马尔萨斯理论的穆勒曾因帮助穷人避孕而被捕。

马尔萨斯反对生育控制。如果你去跟他说"看看节育的效果有多好",他会看着你,一脸的茫然。在他看来,"更大的利益"并不是一个真正合理的目标。只有高尚的行为才是唯一合乎道德的行为。[2] 要知道,马尔萨斯是一个虔诚的教徒。按照他的说法,食物供给赶不上人口增长的需求是"上帝的仁慈设计"之一,这是上帝为普通人设计的挑战。上帝问人:"若通过正直的行为能阻止人口过快增长,你们能抵抗做爱的诱惑吗?"[3] 马尔萨斯认为通过节育措施来欺骗上帝是大错特错的。他认为:"如果每对已婚夫妇都可以随意控制其孩子的数量,那完全有理由担心人类的惰性只会大增。"

当然,马尔萨斯认可有些人没有能力迎接上帝的挑战,即做不到自我克制。这些人只不过是"多余的人"(马尔萨斯的原话)。他们的死亡既不值得庆贺,也不值得遗憾,死就死了。

这就是马尔萨斯的理论。它产生了什么影响呢?有些历史学家认为,这种马尔萨斯逻辑影响了英国人对19世纪饥荒的态度。最为人所知的是19世纪40年代爱尔兰的饥荒,它至少造成了100万人死亡。当时流行的思潮是,爱尔兰的穷人死于饥饿并不是被期待的,但爱尔兰若要变得富有,它就"需要"更少的人。谈及这场饥荒时,牛津大学经济学家纳索·西尼尔(Nassau Senio,1790—1864)[1] 称:"死亡人数不会超过100万,也几乎不会带来任何好处。"[4] 1839年,苏格兰哲学家托马斯·卡莱尔(Thomas Carlyle)则称:"到了爱尔兰人要么有所改善,要么灭绝的时候了。"在给大卫·李嘉图的一封信

---

[1] 纳索·西尼尔,英国经济学家,"节欲论"的倡导者。他两次出任牛津大学的政治经济学教授(1825—1830年和1847—1852年)。曾经担任《济贫法》修改委员会成员,参加制定1834年的《〈济贫法〉修正案》。

中,马尔萨斯指出:"为了充分利用这个国家(指爱尔兰)的自然资源,应该把大部分人赶出这片国土"。

马尔萨斯的理论在自己的国家也有影响。他鄙视英格兰旧的济贫法,并鼓励政府对其进行改革。旧济贫法是自伊丽莎白时代就存在的福利制度,马尔萨斯生活的时代已经有人担心福利制度花钱太多了。盖尔·贝德曼认为:"1795年以后,由于歉收和随之而来的粮食短缺,救济的需求猛增。"靠欺骗利用该制度而获得福利的寄生虫比比皆是。

后来,马尔萨斯发现给穷人钱只会取得完全相反的效果。此制度有一项"儿童津贴"支出,即向家庭中每个儿童发放的津贴。[5] 马尔萨斯认为儿童津贴补贴的是儿童。劳动阶级没有理由"以任何方式约束自己的意愿或在任何程度上审慎对待婚姻之事,因为教区有义务供养他们的孩子"。

马尔萨斯还是得出结论:将钱交给穷人是会产生积极的影响,如减少饥饿,但这种积极的影响只是一种短期现象。他说:"最显著的是,济贫法往往使得劳动力的供给超过需求,"由此造成的结果是"要么所有人的工资普遍降低,要么……大量劳动者被迫失业,从而不断加重整个社会劳动阶层的贫困和苦难。"因此,"可以说济贫法创造了它们所供养的穷人"。只有一个明智的选择,那就是"彻底废除济贫法"。

19世纪初,马尔萨斯对"逐步废除"济贫法的建议有所弱化。[6] 无论怎样,他的思想刺激到了政府的福利改革家。新济贫法于1834年生效,马尔萨斯在那一年去世。新法律禁止提供"院外救济",即在救济院外给穷人发放现金和实物;取而代之的是,需要帮助的人不得不在济贫院勉强度日。这也是马尔萨斯的建议。

马尔萨斯有关人口的推测对其他思想家的影响巨大。查尔斯·达尔文用马尔萨斯的观点来阐述他著名的自然选择进化论。他回忆说："出于消遣，我碰巧读了马尔萨斯的《人口原理》，它让我突然意识到，在这种环境下，有利于生存的变化得以保留，不利于生存的变化被清除了，其结果是形成了一个新的物种。"达尔文借用了马尔萨斯著作中"竞争求存"（struggle for existence）这个表达。

相信我

马尔萨斯的理论产生了巨大的影响；但是，它能否经受住理性的审视则是另一回事。先讨论下重要的事。是什么让马尔萨斯相信人口的增长往往快于食物的增长？毕竟，这是一个基于经验作判断的问题，而不是一个理论层面的问题。他观察了美国当时的境况。新成立的政府开始编制人口统计资料，美国第一次人口普查是在1790年。马尔萨斯注意到，美国当时的人口比25年前增加了一倍。他还认为美国对人口增长几乎没有任何限制，因为它有大量的"自由"土地。因此，如他所说，不用任何的"核查"，你便可以预期人口呈几何级数增长——每年翻一番。

说得在理。但谁说食物的供应量不能呈几何级数增长呢？马尔萨斯在这一点上含糊其辞。"它与我们对土地质量的所有知识相违背"，这不是很令人信服。因此，人口增长快于粮食增长的观点仍然是一种断言，而不是经验事实。

但是，让我们假设一下人口的增长快于食物的增长，由此，另外一个问题出现了，你可能会称之为"歪心狼的反证[1]"。在动画片中，

---

[1] 歪心狼（Wile E. Coyote）是华纳公司动画片中一只狡猾的狼，又叫"威利狼"，一心想吃掉BB鸟（也叫"哔哔鸟"），它是产于美国西南部和墨西哥的走鹃。

这个角色跑着离开悬崖，在空中飞奔，直到往下看时才意识到脚下不是地面——猛地跌落下去。类似的事情出现在了马尔萨斯的理论中。他警告说，由于没有食物充足的地方可去，人口就会灾难性地减少。但是人类怎么会走到这一步呢？因为现在已经发生了一系列小规模的饥荒吗？认为食物供给会对人口的增长有所限制是合理的。这就好比靠画饼充饥增加人口，并在望向地面时才意识到处于困境。

麻烦的数据

借助事后观察，我们可以根据数据检验马尔萨斯的理论。1798年，马尔萨斯指出"该岛"（指英国）的人口"大约有700万"。根据他的计算，到1848年，（英国的）人口将达到"2800万"。然而，到那时，"（英国的）生活资料只能养活2100万人"。显然，这意味着一次饥荒的"强力一击"会导致约700万人死亡。

实际情况如何？ 1801年，英国人口实际约为1100万；约50年后的1848年，人口增长到2000万，相比以前的几个世纪，增长速度要快得多，但没有发生饥荒。马尔萨斯理论是错的，错的，错的！

还能有其他说法吗？历史学家乔治·博耶（George Boyer）等人提供的证据表明，在旧济贫法施行儿童津贴制度的情况下，劳动阶级确实生育了更多的孩子。但也要考虑马尔萨斯写作时的背景。在1750年之前的一个世纪里，（英国的）人口增长几乎停滞。[7]在18世纪60年代，英国的人口只比13世纪40年代"黑死病"前夜的人口略多一点。大约在那个时候，有些作家认为人口的持续快速增长是不可能的，这并不是完全没有道理的。

跟李嘉图一样，马尔萨斯理论的真正缺陷在于未能意识到工业革命的力量之强大。特别是煤炭的开采，它意味着可以生产更多的产品，从而养活更多的人。正如托尼·里格利指出的那样，马尔萨斯跟其他多位古典经济学家一样，对农业不甚了解，他们都低估了整个19世纪生产力大规模提高的潜力。尽管如此，里格利说："这是思想史上最具讽刺意味的事情之一，马尔萨斯的分析在即将不再适用于他的国家时成形了。"

压根儿没有理论

再讲马尔萨斯人口理论的最后一点。今天人们记住的马尔萨斯和马尔萨斯本人希望我们记住的有点儿不同。马尔萨斯在其著作于1798年出版后的几年里，对它进行了多次修订。他正是在这一时期开始调整自己的理论的。

1798年，马尔萨斯认为，生活水平的暂时提高只会导致一个结果：劳动阶级人数增加，生活水平随后降至最低。但随着时间的推移，他的理论发生了微妙的变化。他的阅读更广泛，而且研究了更多的数据。1799年，他前往丹麦、挪威和瑞典进行实地考察。

从《人口原理》的第二版（1803）起，马尔萨斯更多地强调了一种观点，即劳动阶级实际上具有一定的道德约束能力。[8]他开始相信这样的观念，只要接受足够的教育，劳动阶级就会真正学到对他们最有利的。他还在他的《政治经济学原理》（1836）中谈到"改善生存方式"的可能性。他指出，一个国家"维持劳动力所需资金数量的增长总是快于人口的增长"。毕竟，人会变得越来越富有，人口的增长不一定会吞噬掉所有的收益。换句话说，马尔萨斯本人不再是严格意义上的马尔萨斯主义者。

对于马尔萨斯的这一变化，穆勒表示赞赏。他写道："尽管《人口原理》的第一版被公认有错，但是，很少有作家会为了提出更加公正和更有希望的观点……比他做得更多。"历史学家汉斯·詹森（Hans Jensen）认同马尔萨斯"本质上新的人口理论"。

其他评论者就没这么友善了。确实如此。马尔萨斯的新观点削弱了自己以前所说的一切。索厄尔说马尔萨斯"完全否定了自己的理论，不是采取了另一种理论，而是根本没有理论了"，无疑，他说的是正确的。马尔萨斯的基本观点是人口增长总是快于食物供给，除非人口不再增长。这一切让人感到非常困惑。无论如何，那时的知识分子对其理论已经兴趣大减，他后来写的论人口的著作[1]的影响力远不及第一本书的。《人口原理》是一部决定性的著作。¹⁰

小部分理论是有道理的

然而，马尔萨斯混乱的人口理论并不是他对经济思想的唯一贡献。马尔萨斯帮助李嘉图建立了地租理论，该理论后来成为19世纪政治经济学最重要的思想之一。与此同时，通过对"普遍供过于求"的研究，通俗地说，即对萧条的研究，马尔萨斯将自己与他最好的朋友区别开来。该研究并没有让他名声大噪，但它颇具革命性。

本书中的多位经济学家都想知道导致经济衰退和萧条的原因。西蒙德·西斯蒙第担心富人的消费习惯及其导致的工人阶级的失业（见第12章）；如果人们因为公众的不满或法律的变化而停止消费奢侈品，经济势必遭遇更高的失业率，这是伯纳德·曼德维尔所担

---

[1] 马尔萨斯第二部论人口的著作是《人口原理概要》（*A Summary View of the Principle of Population*），于1830年出版，它是马尔萨斯最后一部著作。

心的；相比之下，让-巴蒂斯特·萨伊似乎否认资本主义会遭遇萧条——至少，从长期来看是这样的；李嘉图似乎认为造成经济衰退的原因是人们彻底的非理性或运气差到离谱。

马尔萨斯相信什么？拿破仑战争结束后，他对英国的失业问题特别感兴趣。成千上万的士兵从前线归来，但很多人找不到工作，失业率上升至战前的两倍。从1815年到1817年，（英国的）平均工资实际下降了10%以上，雇主意识到有很多人在找工作，便降低工资，却不会因此受到惩罚。1818年8月，曼彻斯特的工人游行示威。政府派出武装部队，10~20人被杀，这就是后来被称为"彼得卢屠杀"（Peterloo massacre）的事件，它发生在马尔萨斯的《政治经济学原理》出版前不久。

马尔萨斯并没有把自己关于萧条的理论阐述得特别清楚。1963年，托马斯·索厄尔写了一篇长篇论文，详尽地解释了马尔萨斯的立场。不妨用以下方式来大致理解马尔萨斯：他不同意萨伊的观点，认为他的理论"完全没有根据"；他不同意李嘉图的观点，李嘉图也提出了一个复杂的理论来解释为什么萧条是不可能发生的——若把建立抽象理论称为一种"天赋"，马尔萨斯不具备李嘉图这方面的才能，但在他看来，经济显然无法自我调整；他只看到了自己身边的世界；凯恩斯认为，马尔萨斯将经济的"可怕"弱点归结为一个"有效需求不足"的问题——换言之，相对于供给，人们缺乏购买手段。

马尔萨斯也不完全清楚是什么让经济走上了错误的道路。笔者认为这并不重要。他描述了经济会遵循这样一条不如意的路线发展下去：一旦需求暂时下降，企业就会灰心丧气；由于担心未来不景气，企业就会缩减生产，也许还会裁掉一些员工；失业者不能像以前那样花钱了,而这会减少其他企业的收入……如此循环。马尔萨斯说,如此一来,"财富和人口的显著减少"就会"永久地"存在。

顺便说一下,正是基于这种逻辑,马尔萨斯才支持《谷物法》。想必你还记得,他的好朋友大卫·李嘉图曾坚决反对它。马尔萨斯接受了李嘉图的观点,即废除《谷物法》会增加资本家的利润,降低地主的地租。但对他来说,这是件坏事。他认为,拥有土地的乡村贵族倾向于花掉他们的钱,而资本家倾向于把钱存起来。对于劳动阶级来说,这是个坏消息,因为他们要靠富人花钱才能找到工作。

第一个凯恩斯主义者?

难怪凯恩斯喜欢马尔萨斯的理论。首先,凯恩斯的经济推理方法与马尔萨斯的相似。在《政治经济学原理》中,马尔萨斯不想像李嘉图那样陷入创建逻辑严密的经济理论的麻烦,而是比较依赖对世界如何运作的强烈直觉;凯恩斯也采用了类似的推理方式。更重要的是,需求不足的概念是凯恩斯主义经济学的核心内容。正是基于这一观点,凯恩斯提出了他最著名的政策建议:在经济衰退期间,政府应增加支出,以弥补需求的缺口。

1934年,剑桥大学经济学系举办了一场纪念活动,纪念马尔萨斯诞生200周年。马尔萨斯曾经任教的耶稣学院举办了晚宴。在晚宴上,凯恩斯谈到了马尔萨斯"为他所谓的有效需求不足找到了解释"。凯恩斯说马尔萨斯呼吁要在经济衰退期实行"自由支出、公共工程和扩张主义政策"。而且,"数百年过去了,才有人怀着一丝同情阅读他的著作,理解了他对李嘉图大师无可争辩的强力抨击。"毫无疑问,在说这番话时,凯恩斯顺便稍微自夸了一下。[1]

那么,我们应该如何看待马尔萨斯的遗产呢?难以总结。他最初对人口的看法是完全错误的。后来,他试图修正这些理论,却在理论与实证上陷入一片混乱。从积极的方面看,他开创了一种经济推理方法,它虽然没有李嘉图等人采用的方法那么严谨,但更为现实。他既提出了正确的理由,也提出了错误的理由,最终,他在两个方面都产生了影响。

---

[1] 之所以说凯恩斯在自夸,是因为他说的"有人"指的是他自己。

12

西蒙德·西斯蒙第
Simonde de Sismondi 1773—1842
资本主义的良心

在很长一段时间里，资本主义没有兑现它的承诺。历史学家普遍认为工业革命始于 1760 年前后，英国是其始发地。突然之间，工厂大量涌现，铁路开始修建，英国制造的产品出口到世界各地。然而，很少有人看到它带来的好处。早期的资本主义绝对是残酷的。大多数人住在拥挤、肮脏的城市里。在 1760 年之后的半个世纪里，实际工资几乎没有增长，工作时间却猛增。

当时很多人对这个国家的状况忧心忡忡。报纸的社论称"我们的制度中隐藏着一些腐败现象"。让-卢梭对这个工业化速度快于其他任何地方的国家做出了悲观的评价："我可以承认英国人比其他国家的人富有，但不能因此认为伦敦市民就比巴黎市民生活得更舒适。"英国是富有，但穷人也很多。

让-查尔斯·莱昂纳德·西斯蒙第（Jean-Charles Léonard de Sismondi）又名西蒙德·西斯蒙第，他也对英国的情况感到困惑。没错，它的 GDP 在增长，但在此过程中，这个国家又付出了什么样的代价呢？他得出的结论是：资本主义本身存在根本性的缺陷。这个制度剥夺了人们的尊严和控制感，而且总是处于危机的边缘。

生活中最美好的事物都是无形的

今天，西斯蒙第几乎不为人所知，[1]但他的思想对卡尔·马克思产生了巨大的影响。法国杰出的历史学家查尔斯·吉德（Charles Gide）和查尔斯·里斯特（Charles Rist）表示："不无惊人的是，19 世纪大多数重要的社会思想都可以追溯到西斯蒙第的著作，而不是马克思的著作。"加雷思·斯特德曼·琼斯（Gareth Stedman Jones）认为："西斯蒙第的很多文字成了从社会主义的角度批评现代工业的标准内容。"他的很多想法并不透彻，但值得认真对待，在当今社会尤其如此。

1773 年，西斯蒙第出生于日内瓦的一个富裕家庭。[2]由于婚姻的关系，他加入一个家庭，成为著名制陶商乔赛亚·韦奇伍德（Josiah Wedgwood）的近亲。他游历甚广。18 世纪 90 年代，他和家人踏上了去英国的旅程，并住进了伦敦杰明街的一家旅馆，周旋于上流社会。那次旅行使他成为了终生的亲英者。

他首批写作的内容谈的是政治。在很长一段时间里，他是激进的参与民主制[1]的倡导者。日内瓦的近代史上多次发生民众起义，其目的是想要为下层社会争取权利。1782 年，敏锐的少年西斯蒙第目睹了一次这样的起义，后来它遭到统治者的残酷镇压。然而，

---

[1] 参与民主制又称半直接民主制，是代议民主制向完全的公民社会自治过渡过程中的一种政治制度。

1794年从英国回国后，西斯蒙第很快就成了不受控制的自由所产生恶劣影响的受害者。1792年，法国大革命扩展至日内瓦。回国六周后，西斯蒙第的家遭到洗劫，他和父亲都被捕了，他的一些朋友被处死。西斯蒙第很快逃到了意大利。从那时起，用历史学家赫尔穆特·奥托·帕佩（Helmut O. Pappe）的话说，西斯蒙第"表明了态度，那就是对政治自由的怀疑甚于他年轻时对理想主义的怀疑"。

西斯蒙第的经济思想也经历了类似的演变。他的第一本经济学著作是《论商业财富》（*Commercial Wealth*，1803）。这本书实际上是对亚当·斯密《国富论》的评论。这两本书的标题如此相似绝不是巧合。西斯蒙第对自由贸易的无限潜力充满热情。他认为："长期以来，各国政府对贸易都持一种傲慢的蔑视态度，但最终不得不得出结论，称它们是国家财富最强大的来源之一。"

然而，从1803年起，西斯蒙第发生了根本性的转变。他开始相信斯密及其追随者提出的资本主义有重大缺陷的观点。他不禁认为，主流政治经济学家忽视了真实的人，大卫·李嘉图尤其如此。1819年，西斯蒙第出版了《政治经济学新原理》（*New Principles of Political economics*），概括了他对资本主义的批判。这本书的书名与李嘉图两年前出版的《政治经济学原理》相似，无疑是对它的一种拙劣的模仿。1827年，西斯蒙第出版《政治经济学新原理》第二版，对资本主义的批判更加尖锐。

旁观者

是什么让西斯蒙第如此激进？可能与他曾经接受的历史方面的

熏陶有关。西斯蒙第年轻时为爱德华·吉本的《罗马帝国衰亡史》做过注释。《罗马帝国衰亡史》是一本里程碑式的历史书，于1776年出版（第一卷）。

他逐渐将自己对于历史的见解应用到经济研究。他的脑海里一直有一个想法："事情并非总是如此，也不会永远如此。"对如今的我们来说，这听起来很平庸，但在当时可就不一般了。大多数政治经济学家的历史观都很简单，或至少没有读过黑格尔的书，而黑格尔的观点有时会让人联想到西斯蒙第的观点。基本上，他们认为不同的社会或多或少都是带有资本主义色彩的。亚当·斯密说："若是比较一个国家在两个不同时期的状态，我们可以确信的是，其资本在两个时期之间必定是增长过的。"李嘉图的观点更不对，从而给人带来了最大的困扰，他说："在不同的社会阶段……资本积累……都是快速的，只是有时比较快，有时不太快。"[3]

西斯蒙第认为，相比之下，过去的社会可能与今天的社会有根本的不同。自我的概念可能是不同的，人们可能没有那么自私自利；物质财富本来就不是社会地位的象征。荣誉、自我牺牲和忠诚是什么？亚当·斯密认为"以物易物"是人类的天性使然；西斯蒙第举手投降，称他完全不知道人性到底是什么。

从这一见解中可以得出一个重要的教训。如果过去的社会跟现在不同，将来的社会可能也会有所不同。跟那时很多人的状况一样，人类并非注定生活在贫困和苦难中。西斯蒙第认为资本主义甚至有可能持续不了多长时间。毫不意外，这一想法极大地激发了卡尔·马克思的灵感。

总而言之，西斯蒙第发现的历史教训是，没有任何一种社会制度能够长久持续。一旦令自己满意的概念得以确立，他就想知道自己想要改变资本主义的什么。他有诸多发现，它们可分为两类：第一类他称之为"货殖论"，他要避而远之；第二类涉及他认为资本主义有自我毁灭的倾向，这是他想要解决的问题。

生活中有比 GDP 更重要的东西

首先理解一下"货殖论"。下面是西斯蒙第对它的总结。确切地说，这并不是一个定义，却阐明了西斯蒙第想要表达的意思：

> 在某个国家，一个人每天都可以装满一船布料、五金或陶器，它们足以供成千上万的同胞使用，（货殖论）将这样的国家繁荣捧上了天；但是人类的健忘真是离奇得很，他们从来没有问过被这个大工厂取代的人变成了什么样子。

用一句老掉牙的话来说，西斯蒙第提出了一个你们经常听到的论点。他的观点大体上是指政治经济学痴迷于财富，为此不惜牺牲一切。它忽略或贬低了较为软性、难以衡量的结果，比如人类的幸福。在他看来，经济学家的思路颠倒了。罗斯·斯图尔特（Ross Stewart）认为："对西斯蒙第来说，政治经济学和经济学的对象应该是人，而不是财富。"

西斯蒙第认为，对财富积累的痴迷导致了诸多不幸的后果。他对英国的描述特别有说服力。"在这个令人惊讶的国家，似乎正在为世界其他国家提供指导而进行一项重大实验，我看到生产在增加，而享受在减少。"事后看来，这个论点可不空泛。历史学家约翰·科姆洛斯（John Komlos）的证据表明，从 1730 年到 1850 年，尽管英国的 GDP 快速增长，但英国男性的平均身高却下降了约 3 厘米，这意味着营养状况较差。在工业革命初期，很多地方的（人均）预期寿命下降，低至 18 世纪 20 年代初的水平，城市尤其明显。罗莎·卢森堡认为："西斯蒙第将古典和谐学派与资本主义邪恶的一面对立起来，这是他永恒的荣耀。"

正如加雷思·斯特德曼·琼斯指出的那样，西斯蒙第也从道德的角度反对资本主义的崛起。他认为该制度剥夺了人们对自己生活的掌控感。财产曾经是集体拥有的，现在归私人持有；由一个人告诉另一个人该做什么，不该做什么。人们曾经住在乡村，与自然融为一体；现在则住在阴暗、肮脏的城市里。当人们开始感到自己毫无价值和缺乏控制力时，不可避免地会做出自我毁灭的行为。没有比这更有力的反对斯密所谓"善意商业"的立场了，斯密认为商业社会的发展会促进人类的"改善"。

通过下面的例子，你会对西斯蒙第的论点有更深入的了解。跟托马斯·马尔萨斯一样，他似乎也担心劳动阶级会生太多的孩子，从而导致生活水平的下降。但与马尔萨斯将困境归咎于劳动阶级不同，西斯蒙第将之归咎于资本主义。西斯蒙第认为，在传统社会中，人们会晚婚。例如，在行会中，"一个工人要当上师傅才会结婚"。但正如加雷思·斯特德曼·琼斯对西斯蒙第的注释，资本主义的英国产生了"散工"[1]，而且"在劳动者的生活中，已经不再有一个需要在结婚和独身之间做出最佳选择的特定时期"。由于人们的生活越来越不稳定，越来越艰难，他们成为了不那么负责任的市民。他们的

---

[1] 散工（day labor），指工作不固定，干一天就结算一天的报酬，是临时工（contingent work）的一种形式。

指望更少了。西斯蒙第的基本观点是,如果存在"人口问题",那将是资本主义的错。

西斯蒙第的理论具有一定的浪漫怀旧情怀,即人们在前资本主义时代更快乐,那时的人们可以整天坐在田野里吃苹果。现实并非如此令人愉快。封建的英国是一个可怕的剥削之地。因此,西斯蒙第陷入了与其他一些思想家相同的陷阱,即没有对之前的社会制度进行足够的批判。恩格斯的《英国工人阶级状况》(*The Condition of The Working Class in England*,1845)存在同样的问题。西斯蒙第错误地强调了随资本主义兴起而来的混乱感和不稳定感吗?

西斯蒙第的著作并没有写完。他对货殖论的批判引出了其经济论证的第二个支柱。斯密等思想家坚信劳动分工和技术进步会对经济产生有益的影响,即使他们认识到因此会产生一些社会成本(参见第 7 章)。与此同时,西斯蒙第也谴责劳动分工和自由市场带来的经济后果。

走钢丝

西斯蒙第对资本主义进行批判的第二部分涉及经济危机。在大卫·李嘉图等主流政治经济学家看来,经济危机是由一些外部事件引发的,比如战争或干旱。英国在 19 世纪第一个十年的经济衰退可以解释为反常事件的结果,包括战争。到 1815 年这些战争结束时,军工生产停止,成千上万人从战场返回,开始寻找工作。完全可以预见,随之而来的是失业率的上升和工资的降低,但很难将这一切归咎于资本主义。

西斯蒙第驳斥了资本主义制度下外部事件导致经济危机的观点。

相反，他认为经济危机的发生是资本主义内部因素所致。"生产过剩"和"消费不足"的概念曾经让很多重商主义者兴奋不已，在西斯蒙第这里也很重要。他认为，在任何时候，资本家都会尽可能多地生产，以实现利润最大化。这没有错，从单个企业的角度看，这是理性的做法。但在西斯蒙第看来，在资本主义条件下，生产导致了生产过剩。

这是怎么发生的？西斯蒙第认为，由于资本家对工人拥有更大的权力，资本主义加剧了不平等。资本家更喜欢用机器，而不是用人力。这意味着他们可以削减成本，从商业角度看，这是明智的，却会导致失业率的上升。随着失业率的上升，工人阶级的工资就会下降；资本家总是能获得丰厚的利润。

但这只是暂时的。如果工人阶级的购买力很弱，资本家的商品卖给谁呢？出口是其中一种选择。根据西斯蒙第的说法，最终他们会生产太多的产品，而工人阶级的购买力不足以"吸收"所生产的一切。随着时间的推移，产生了"普遍的供过于求"，导致失业、经济增长缓慢。列宁称赞西斯蒙第"指出了资本主义的矛盾"。正如我们将在后文看到的那样，它听起来也很像罗莎·卢森堡的资本主义理论。但与马克思主义者和马克思本人不同的是，西斯蒙第认为，不存在一种结束所有危机的危机，从而走向共产主义；相反，他认为资本主义只会陷入增长乏力或衰退，或二者同时发生。

让-巴蒂斯特·萨伊率先发难，抨击了其中一些观点。他认为所谓的"消费不足"是不可能的。没错，市场可以过多地生产某种特定商品，比如鞋子，但不可能出现普遍的生产过剩。西斯蒙第强烈反对"萨伊定律"。

西斯蒙第的理论曾经被证实过吗？就数据而言，西斯蒙第提出的某些观点已经被证明是正确的。从 1759 年到 1801 年，英格兰和威尔士的基尼系数[1]从 0.45 上升到了 0.52。基尼系数是一种广泛使用的衡量收入分配差异程度的指标。在工业革命初期，资本家的利润确实增加了，工人的工资增长却出现了停滞。西斯蒙第尖锐的观点甚至让他杰出的理论对手李嘉图都感到不安。1821 年，《政治经济学及赋税原理》第三版出版，李嘉图在书中指出："劳动阶级认为机器的使用往往会损害其利益的观点并非偏见和错误。"

没有极端情况

西斯蒙第针对他发现的问题提出了很多解决方案；与受其思想影响的马克思不同，西斯蒙第没有建议或预言推翻资本主义。相反，他是一个自由主义者，相信改革派的公共政策。他对国家的描述相当具有现代性："对抗强者的弱者的保护者，无力保护自己的保护者"。西斯蒙第的自由主义观点激怒了他的读者中较为激进的一部分人。例如，列宁就不喜欢他，指责他"只从小资产阶级的角度对资本主义进行感性的批评"。

西斯蒙第的解决方案之一是扩大财产所有权，这会让普通人更有可能掌控自己的生活。他似乎赞同合作社。根据约翰·亨利（John Henry）的说法，西斯蒙第"提倡一种非资本主义的、以小生产（或农民为基础）的经济，因为它（大大）优于成熟的资本主义经济，尤其是（他认为）这样的经济组织会产生平等，而不是不平等……

---

[1] 基尼系数（Gini coefficient），意大利经济学家基尼于 1912 年提出的衡量收入分配差异程度的指标，它介于 0 和 1 之间：0 表示收入分配绝对平均，1 表示所有财产归一个人所有；0.3~0.4 比较合理。国际上通常把 0.4 作为"警戒线"。

以及良好的道德品质"。从这个意义上讲，他比受他影响的走得更远，那些人只主张多增加一些再分配。西斯蒙第的观点听起来更接近约翰·穆勒的观点，穆勒后来主张扩大劳动阶级的财产所有权。

西斯蒙第也希望政府在经济中发挥更加积极的作用。为了阐明观点，他以家庭为喻。思路是这样的：在一个家庭中，通常有一个人是负责人，此人会帮助其他为生活拼搏的人。正如他所说："也许，政府的任务应该是调节这些活动，以使它们均衡（保持投资、生产、工资、利润和总消费之间的适当比例）。"它听起来有很浓的凯恩斯主义的味道。若用最简单的一句话来概括凯恩斯理论的话，那就是政府应该对经济进行"微调"，即在经济繁荣时削减开支，在经济衰退时增加支出。难怪凯恩斯是西斯蒙第的粉丝。

西斯蒙第还认为国家可以在改善社会福利方面发挥作用。他提出了一些在19世纪初听起来相当激进的观点，比如最低工资和规定工作时间。西斯蒙第也建议扩大对工人阶级的教育，在这一点上他跟亚当·斯密一致。西斯蒙第甚至赞成实行"全民基本收入"，即政府每年向所有公民无条件支付一定的生活费。尽管政府的干预可能会导致经济效率的损失，但在他看来，人们的生活最终会更好。

时势异也

与西斯蒙第同时代的人多认为他在胡言乱语。在19世纪50年代之后大约一个世纪里，他被人们遗忘了。有观点认为，自由贸易、自由放任的经济制度是人类所能达到的顶峰，之前的经济制度都是非理性的。但西斯蒙第经济学的优势之一在于它是有历史依据的。

尽管他在观察历史时可能有些乐观，但至少承认社会有不同的组织方式。他认为可能会出现一个不同类型的国家，即一个接近自由干预主义的国家。事实证明他是对的。

13

约翰·斯图尔特·穆勒
John Stuart Mill 1806—1873
极端的资本主义拥护者还是社会主义者?

约翰·斯图尔特·穆勒的父亲詹姆斯·穆勒是世界上第一位直升机家长[1]。他计划打造一个完美的人、一位理性而激进的改革者。从儿子出生那天起,詹姆斯就强行给他灌输知识。假日被全部取消,以免约翰养成懒惰的习惯。

在穆勒的传记作者中,属理查德·里夫斯(Richard Reeves)写得最好。据里夫斯记载,约翰6岁时就写了一部罗马史。就像家长聚会上那个令人讨厌的人,只要有人愿意听,詹姆斯就会跟他们吹嘘儿子的早熟。唐纳德·温奇称,当约翰到了13岁"高龄"时,詹姆斯决定,"是时候让他了解政治经济学的奥秘了"。大卫·李嘉图是穆勒家的常客,他会向詹姆斯解释自己的利润理论。詹姆斯写过多篇经济学相关的文章。父子俩会一起散步,走很远的路,其间詹

---

[1] 直升机家长(helicopter parent),指过分介入儿女生活的父母,保护、干预或控制儿女的生活,尤其过分干涉孩子的教育,像直升机一样盘旋在儿女身边。

姆斯会给约翰讲解经济学原理。散步结束后，为了证明自己已经理解了，约翰会把父亲讲过的话记录下来。

詹姆斯·穆勒努力培养出一个知识渊博的人。读大学是约翰显而易见的选择，但因为不是圣公会的基督徒而被牛津大学和剑桥大学拒收，他只好到伦敦大学学院上课。1823 年，17 岁的穆勒到东印度公司工作，一直工作到 1858 年公司被国有化。他在公司里的职位不是最显赫的，但工作量很大。他一年内必须写出两大本关于公司的书。与此同时，他撰写了大量文字，包括 1848 年出版的巨著《政治经济学原理》。这本书使他一举成名。《政治经济学原理》一直被用作牛津大学本科生的标准教科书，直到 1900 年，大约在那之后，马歇尔的《经济学原理》(Principles of Economics)[1] 才取代了它。一本教科书被使用 50 多年，实属罕见。

今天，很多人认为约翰·穆勒是仅次于亚当·斯密的杰出的经济学理论家。穆勒往往被与激进的自由放任资本主义联系在一起，那个时代的特征是残酷、黑暗和不择手段地追求更大的利益。美国历史学家亨利·亚当斯（Henry Adams）称穆勒为"邪恶的自由贸易之王"。看看穆勒的照片：深陷的眼窝，怪异的发际线，尖尖的鼻子，笔挺的套装。[1] 还有什么人看起来比他更神色严肃或更不关心穷人吗？

不要以貌取人

世人对穆勒普遍的看法并非完全离谱。穆勒早年是个冷酷无情的功利主义者。他的教父杰里米·边沁对他影响很大。在边沁看来，

---

[1] 马歇尔的《经济学原理》第一版于 1890 年出版。

所有社会活动唯一合理的目标是效用最大化，或者说，效用最大化就等同于幸福。"最大多数人的最大幸福"是激励所有社会行为的准则。功利主义的批评者认为这是"猪"的哲学，只有动物的动机是追求短期的快乐。但这无关紧要。就像查尔斯·狄更斯《艰难时世》（*Hard Times*）中的葛擂硬一样，在青少年时期，穆勒就认同边沁对人类的看法，即人类是一种试图将好情感最大化，将坏情感最小化的机器。

作为一位功利主义的支持者，穆勒的出发点是不同于之前多位经济学家的一个哲学立场。我们很难把伯纳德·曼德维尔视为功利主义者，尽管他对克己之类的概念非常关注。亚当·斯密并非功利主义者，正如塞缪尔·弗莱施哈克尔（Samuel Fleischacker）所言："（斯密）明确表示反对哈奇森和休谟的原始功利主义，[1] 他那个时代的哲学家过于关注行为的后果，而他希望关注行为的恰当性。"马尔萨斯也不是功利主义者，托马斯·索厄尔说："马尔萨斯当然是笃信宗教的，功利主义者则是不可知论者，他们把人类的福祉当成判断是非的标准。"正如我们在讨论孔多塞关于继承的观点时看到的，这个法国人更信奉自然权利，而不是整体效用的理念。

但其实，《论自由》（*On liberty*）和《政治经济学原理》的作者穆勒并不是赞同边沁主义的功利主义者。20岁左右时，穆勒自问：若政府的政策能本着人类幸福最大化的目标调整，他是否会永远幸福。说实话，他想象自己不会。那么，这一切还有什么意义呢？生活中肯定有比单纯的享乐更重要的事吧？

---

[1] 弗朗西斯·哈奇森是少数在教学和思想开创性上都同样成功的哲学家。大卫·休谟、亚当·斯密和边沁的道德哲学完全吸收了哈奇森的道德感觉论。

穆勒深感沮丧。为了安慰自己，他开始阅读威廉·华兹华斯（William Wordsworth）的诗，诗歌让他明白了生活的意义远不止于效用最大化。诸如此类的努力使穆勒成为一个复杂得多的思想家，远不只是人们所称道的那个人。哲学家约翰·格雷（John Gray）认为，穆勒"首先是一个兼收并蓄和过渡性的思想家，不可能期望他的著作形成一以贯之的学说"。这一点对于理解穆勒最为重要。他是个功利主义者，而且是一个复杂的功利主义者。

更友善、更温和的资本主义

穆勒是一位涉猎广泛的思想家，实际上，经济学研究只是他生活的一小部分。《剑桥哲学指南：穆勒卷》（Cambridge Companion to Mill）只有一章讲的是"穆勒的政治经济学"，其他几章则专门讲述"心理学与道德科学""归纳法与科学方法""语言与逻辑"等内容。他对法国非常感兴趣，最终，他于1873年客死法国。在两性关系问题上，他持开放态度。早年，他在步行上班的路上发现了一个被丢弃在街上的死婴。这促使他在全城散发传单，提倡节育，因为此事造成了麻烦，他被关押了一夜。

随着年龄的增长，他对性别的看法变得较为激进。在《关于代议制政府的思考》（Considerations on Representative Government, 1861）中，他写道："我认为，就像身高或发色有差异一样，（性别）与政治权利完全不应该牵涉在一起。"1866年，在当选威斯敏斯特议员后不久，他提交了一份请愿书，支持给予女性选举权。[2]1869年，他发表了一篇名为《论妇女的屈从地位》（The Subjection of Women）的文章，指出"单纯因为生为男人或女人"不能成为给予或否定任何人权利的理由。

毫无疑问，他的妻子哈丽雅特·泰勒·穆勒（*Harriet Taylor Mill*）认为这些观点是正确的。哈丽雅特出生于1807年，比约翰晚一年。18岁时，她嫁给了一个药品批发商约翰·泰勒（John Taylor），泰勒是个好人，但是一个很普通的人。泰勒的好名声可能有点儿不靠谱——几乎可以肯定的是，他把梅毒传染给了哈丽雅特，而那是他和妓女鬼混得上的。[3]

哈丽雅特和约翰·穆勒大概是在1830年左右相遇的，二人一见如故。据戴尔·米勒（Dale Miller）讲，不久之后，穆勒"几乎每晚都会去泰勒家拜访，约翰·泰勒还会去穆勒的俱乐部，为他们的会面提供便利"。米勒说："以当代的标准来看，（这对夫妇的行为）都是可耻的，更不用说在维多利亚时代了"。约翰·泰勒去世后，两人成婚了。

哈丽雅特对约翰·穆勒的影响极大。历史学家努力想知道她到底写了些什么，因为很多内容都是她和约翰一起写的。但人们普遍认为，仅凭自身的条件，她就是一位深刻的思想家。穆勒晚年曾说，他从哈丽雅特身上学到的东西比从其他作家那里学到的总和还要多。毫无疑问，若没有哈丽雅特，穆勒的部分作品就不可能面世，尤其是《论自由》。用"穆勒"而不是"穆勒夫妇"来称谓传统意义上归约翰·穆勒的思想或许是公平的，但很勉强。

圈外的经济学家

穆勒夫妇的圈子十分热衷政治经济学研究。穆勒的父亲认识李嘉图和马尔萨斯，穆勒因此满脑子装满了他们的学识。虽然穆勒和马克思是同时代人，在伦敦居住的重合时间长达 20 年，但他似乎从未听说过马克思。和本书中的多位经济学家一样，穆勒解决了重大的理论问题。但除此之外，他的经济学著作更关注政策。穆勒对生计问题感兴趣，包括税收、财富分配和白酒管制等问题。

让我们从穆勒的理论开始谈起。几乎跟同时代的所有人一样，穆勒是自由贸易的忠实拥趸。正如理查德·里夫斯在为穆勒撰写的传记中指出的那样，他完全被相关的经济论证折服。在穆勒看来，自由贸易提高了生产率，在其《政治经济学原理》中，他写道："无论导致同一地方产量增加的原因是什么，它都会导致世界生产力的普遍提高。"这听起来与斯密关于自由贸易有益无害的观点十分相似，但斯密关注的是市场扩大促成的越来越细的劳动分工所产生的收益。

穆勒也解决了棘手的价值问题。乔纳森·赖利（Jonathan Riley）认为穆勒的见解与斯密不同，穆勒认为商品的价值不只取决于其有用性，也取决于其稀缺性。（从这个意义上说，穆勒与李嘉图也南辕北辙。）赖利总结穆勒的观点说："如果没有有效的商品需求，或者自然供给充足以致商品需求全都能得到满足，而无需付出任何生产成本，则交换价值为零。"此外，穆勒认为创造价值的不只是工人，还有资本家。正如穆勒所说，资本家愿意"放弃"消费自己的钱，"这种节制的回报即利润"。对现代读者来说，穆勒对价值的描述似乎相当合理，且很直观。

同时，穆勒采纳并扩展了李嘉图关于租金作用的观点。要知道，李嘉图将一个经济体划分为三个主要阶层：工人、资本家和拥有土地的贵族。社会收入分别以工资、利润和地租的形式分配给每个群体。李嘉图的理论认为，随着时间的推移，地租在经济总量中所占的份额会越来越大。地主变得越来越富,而其他人则没有什么变化(参见第 9 章)。

穆勒也提出了类似的观点。论证亦是如此。延续马尔萨斯的逻辑,穆勒认为工人的工资最终只能维持最低生活水平。不管出于什么原因,工资若超过生存所需,工人就会生育更多的子女。如此便增加了劳动力供应,迫使工资下降。从长远看,工人不可能指望比这更好的待遇了,而这意味着最低工资也就是最高工资。

现在考虑一下第二个群体:资本所有者。穆勒认为任何社会都有一个社会可接受的利润率,"在既定的地点和时间,它总是不充足,无法偿付资本运作中必然包含的节制、风险和努力"。资本家的情况与工人相似。社会上存在一个最低的利润率,低于它,资本家就不会投资,利润率的下限由此确定了。但是,若出于某种原因,利润率上升,资本家就会加大投资,资本存量加大,从而导致利润率下降。因此,最低利润率即最高利润率,这一点与工人的情况如出一辙。

那么,土地所有者呢?按照赖利的说法,"穆勒重申了李嘉图的结论,即……经济增长往往让资源所有者变得更富有,而不会改善大量工人或资本家的境况。"土地是固定的,但经济增长是变动的。因此,如托马斯·皮凯蒂所说:"供求规律意味着土地价格持续上涨,付给地主的租金也随之上涨。"食品价格则随着人口的增加上涨。对土地所有者而言,这是个好消息。穆勒的这句话便是对该论点最好的总结:"对于一个由地主、资本家和劳动者组成的社会来说,经济进步倾向于让地主阶级逐步富裕,劳动者的生存成本总体趋增,而利润下降(两种情况都会使得利润降至最低水平)。"

在一些次要方面,穆勒的地租理论看起来与李嘉图的确实不一样。李嘉图曾辩称地租之所以增加是因为土地稀缺,而且某些土地比其他土地肥沃。但是，据康韦·拉克曼（C. L. Lackman）所述，穆勒"指出，即使所有的土地质量相同，最接近市场的土地也会因此优势而租金更高"。

比较有趣的是，穆勒从其理论中得出了与李嘉图截然不同的结论。尽管经济持续增长显然只能惠及一小部分人，李嘉图似乎从未质疑它是一件好事的想法；相比之下，穆勒置身事外，客观地说：等等，这有什么意义呢？穆勒声称英国"即将"达到这样一个临界点：地主将是唯一的受益者。

那么，像英国这样的国家应该怎么做呢？根据赖利的说法，穆勒"主张稳定，在这种状态下，稳定的人口会确保自己的物质享受舒适度维持在合理的平均水平上，而大多数人也会更加重视某些'更高层次的追求'，而不是进一步的劳动、投资和开发自然资源"。

你没听错：穆勒希望经济停止增长。明确地说，穆勒显然可以看到一些经济增长的好处。跟亚当·斯密一样，他认为自由市场会促使人们合作，从而彼此友好相待。穆勒喜欢自由贸易的真正原因不是因为它提高了经济效率，而是因为它鼓励不同背景的人相互交流。"有些事物会让人接触到与自己不同的人，接触到他人的不同思维方式和行为方式，从人类进步的角度看，这些事物的价值无论怎样评价都不为过。"穆勒继续说道，"没有哪个国家不需要向其他国家借钱。"

但是，穆勒对维多利亚王朝中期的资本主义多有不满，他富于表现力地描述过那一幕："（人们）竞争着想要取得成功并赚到钱……踩踏，碾压，推挤，互踩脚后跟"。穆勒还担心赚钱的压力让人们变得迟钝和被动。他认为这只能鼓励人们把注意力全都放在成为一个纯粹的财富积累者上。"成功且赚到钱"的压力让人不再质疑这个世界，不再想方设法把它变成一个更加美好的地方。穆勒主义者称此困境为"从众暴政"，只不过穆勒自己从未使用过这个术语。穆勒是美国的忠实粉丝，但他担心美国比其他任何国家更容易受到从众暴政的影响。[4] 在他看来，美国人"对那些不能立即兑换成英镑、先令和便士的知识和精神文化普遍漠不关心"。

他所希望的最终能取代蓄积钱财的"更高层次的追求"可以是任何事情。但对于穆勒来说，它们可能包含阅读普林尼的书和学习数学。他希望人们有足够的时间独自探索大自然、思考美，以及让花和灌木繁茂生长。他尤其希望人们能够在生活中质疑彼此的观点，探索问题从未得到解决的领域。在他看来，没有什么生活状况比人们不断辩论更高级的了。（不过这种生活会让人精疲力竭。）[5] 他认为，一旦人们不再感觉为了改善经济状况，始终需要尽最大努力地工作，生活就比较容易了。

穆勒还认为，人们变得开明时，会自愿决定限制人口规模。如此，人们就可以打破马尔萨斯陷阱，提升自己的生活水平——保持高水平。威廉·詹姆斯·阿什利（W. J. Ashley）[1]写道："穆勒的世外桃源是英国乡绅的精神家园。"他总结道："人性的最佳状态是没有穷人，无人渴望更加富有，也没有任何理由害怕因为其他人拼命前进而把自己挤到后面。"

弄脏你的手

穆勒看到了这种"静止状态"的到来带来的另一个巨大利好，

---

[1] 威廉·詹姆斯·阿什利爵士是一位有影响力的英国经济史学家，其主要著作是《英国经济组织》。

它让人们把精力集中在收入和财富的分配上。关于如何更公平地分配社会资源，穆勒有很多想法。他主要关心的是提高工人阶级的生活水平。

穆勒想要提高工人讨价还价的能力。他对工会完全没有敌意，当时大多数建制派都对工会不屑一顾，而且认为它无论如何都是边缘组织。（数据显示，在1850年左右，只有10万英国人加入了工会。）他还支持建立工人合作社，这样，普通人，而不是远方的老板就可以控制生产资料，从而确保工人得到更公平的报酬。穆勒全力支持农民通过更"理性"的方法管理农业。他赞扬法国的分益佃农制度，但因为它在经济上效率低下而遭到弗朗索瓦·魁奈的强烈反对（见第5章）。

赋予工人更大的议价能力会让他们获得更高的工资，这对工人是有利的。多位古典经济学家认为，从长远来看，工会必然会严重影响工人的工资（所谓的工资基金说），而穆勒驳斥了这一观点。然而，穆勒对工会和工人合作社的倡导并不完全出于经济考虑。事实上，他心中有一个政治目标。按照艾伦·瑞安（Alan Ryan）的说法，穆勒的观点是"现有的秩序未能将工人视为公民；他们是接受命令的人，而不是下达命令的人"。19世纪60年代初，只有大约150万英国人可以投票，而英国人口超过了4000万。穆勒是民主的拥趸，他希望能扩大民主投票的范围，并将民主化视为英国的前途命运。用瑞安的话讲，资本家之所以能对工人发号施令，乃是因为工人"缺乏培训，而在适当的时候，这些男男女女必然会获得投票权，并且需要能够……理性地理解他们所在企业需要治理的紧迫性"。穆勒认为，那些在公司经营中有发言权的人会成为更负责任的选民，以及在各个方面更加优秀的公民。

摧毁上层社会

穆勒还为纠正"土地问题"开出了政策处方,这在他的经济学中是非常核心的问题。与李嘉图不同的是,他并不认为一小群地主越来越富是绝对不可避免的。1861 年,穆勒在议会委员会面前宣称:"我当然认为这是公平合理的:国家的总体政策应该有利于财富的扩散,而不是集中。"在 1873 年去世前不久,穆勒发表了主张土地改革的演讲。按照《布莱克伍德杂志》(Blackwood's Magazine)的记述,这是有史以来"最具阶级仇恨和敌意的表达之一"。

为了促进所谓的"扩散",穆勒支持多向富人征所得税,少征穷人的所得税。但是,其更重要的政策建议也许是只能用"偏激"来形容的遗产税制度。

理解穆勒表达观点时的背景很重要。当时,每年代际遗产的价值大约相当于国民收入的 20%,略高于现在的水平;而当时每年支付的工资、薪水和员工福利的总价值可能相当于 GDP 的 60%。因此,每年在劳动力市场上挣到的 1 英镑中,有 33 便士来自遗产。

因此,社会是建立在这样一种观念之上的:你需要与家庭条件不错的人结婚,从而确保可以体面地继承遗产。要了解这方面的情况,可以读一读简·奥斯汀的小说,或托马斯·皮凯蒂的《21 世纪资本论》(Capital in the Twenty-First Century)。在 19 世纪中期,遗产税无足轻重,但若实施强硬的政策,争议会太大;与此同时,孔多塞等经济学家基于天赋人权的理念提出了反对遗产税的观点。

但是,坐等所爱的人死去,然后从中获利——穆勒不喜欢这种观念。正如罗伯特·埃克隆(Robert Ekelund)和道格拉斯·沃克(Douglas Walker)所说,边沁对穆勒关于遗产税的建议产生了很大影响。边沁对自然权利没有兴趣，只是以功利主义的理由为加大征收继承税辩护。他担心领取一大笔家产的人会停止工作，这对整个社会的福利是一件坏事。他似乎支持这样一种观点，对于没有留下遗嘱的人，也就是说，没有明确指出希望把遗产留给谁的那些人，国家应该没收其全部财产。这个论点仍然是功利主义的：如果某人并没有期望继承某位去世之人的遗产，那么，它们的效用不会因为无人接受而明显减少。边沁还认为对遗产征收更高的税可以降低对穷人的征税。

在遗产继承问题上，穆勒比边沁走得更远。他希望对每个人可以继承的财产进行实际的数量限制，用他的话说，遗产的数量"够（继承者）适度独立"即可。埃克隆和沃克认为，穆勒确实接受了"对无限遗赠权的压制可能会对人终生的财富积累产生负面影响"。如果不能把很多财产传给自己的孩子，为什么还要努力工作呢？但在穆勒看来，限制"是可以接受的，因为这样可以防止那些没有付出任何努力赚取巨额财富或让财富增值的继承人挥霍"。对遗产继承的严格限制将有助于解决穆勒认定的资本主义的固有问题。一小部分土地继承人将不能再以牺牲他人的利益为代价逐步致富。那些死时拥有大量财产的人将被迫出售这些财产：土地将进入市场，理论上任何人都可以购买。尽管可能越来越多份额的 GDP 流向财产（土地、建筑等），但至少财产的分配更加平均。

有人注意过穆勒关于继承的观点吗？可能留意过。在 19 世纪后半叶，遗产税收占政府总收入的比例从 1869 年（最早有可靠数据的年份）的 6% 上升至 1909 年的 17%。埃克隆和沃克认为，遗产税越来越重要，这表明"穆勒设想的再分配实际上正在进行中。"《经济学人》的文章认为，"改革者把 20 世纪初变成了对遗产征税的黄金时代"。

无人知晓的穆勒

让我们把穆勒所建议的都盘点一下：强大的工会，扩大合作社，累进所得税，对遗产征收严苛的税，对资本主义精神影响的普遍厌恶。不禁要问一句：穆勒是社会主义者吗？穆勒熟悉国际工人协会（International Workingmen's Association）[1]的书籍资料。他甚至还写了一本《社会主义论》（*Chapters on Socialism*），该小册子在他去世后出版。

在继续讨论这个问题之前，重要的是要把三件事记在心里。第一，现代社会主义者厌恶穆勒关于工人阶级的观点。在他关于政府的著作中，他提倡一种"复数投票"制度。他认为更有资格行使民主权利的人要拥有更大的投票权。拥有大学学位的人可以有6张选票，而非熟练工人只能有一张选票。穆勒设想过某种形式的普选权，这显然表明他是激进分子。假以时日，每个人都有能力平等地行使政治权利。但穆勒并没有明确说明这个时间何时到来。不可避免地，这得出了一个与大多数社会主义者相反的观点，那么，穆勒不是平等主义者。

第二，彼时，"社会主义"一词与当今的含义不同。穆勒当然想不到战后在大规模的社会主义国家，政府控制了铁路和供水等公用事业。对于国家提供医疗保健的概念，穆勒很陌生。

第三，穆勒与其他社会主义者存在很多分歧。艾伦·瑞安说：

---

[1] 国际工人协会于1864年建立，旨在联合各类左派社会主义者、共产主义者、无政府主义者团体及为工人阶级斗争的工会。马克思是创始人之一，也是实际上的领袖。第二国际成立后，该协会称第一国际。

穆勒"不相信马克思的贫困化理论，也不同意他的朋友、法国社会主义者路易·勃朗（Louis Blanc）声称的……工资在不断下降"。穆勒也强烈反对"革命"的概念，因为他认为"革命"意味着暴力。与马克思不同，穆勒绝对不想废除资本主义。

那么，如何看待穆勒的社会主义呢？这完全是巧合，但这正是当今社会主义者，尤其是美国和英国的社会主义者愈发提倡的那种社会主义。如今，社会主义者对中央集权国家自上而下通过干预创造繁荣和平等几乎没有信心——这方面最好的例子是英国工党2017年发表的报告《另类拥有模式》（Alternative Models of Ownership）。相反，跟穆勒一样，他们希望确保工人分享生产资料，即穆勒理论架构中的土地和资本，并对经济决策有发言权。因此，对于现代社会主义者来说，这意味着促进合作社的建立，工人可以成为自己的老板；还意味着要把公用事业和类似的事务交给"社区"，而不是中央政府。无论人们是否同意这种经济愿景，历史沿革是清楚的（尽管常常不被承认）。在马克思列宁主义者中间绕了一大圈之后，始于穆勒的社会主义思想又回到了穆勒。

慢慢隐退

无论穆勒的思想在其死后的影响如何，在生命的最后阶段，他变得越来越离群索居。流言蜚语四起，说他从未与哈丽雅特发生过性关系，而障碍大概是她的梅毒。他声称她对他的理念同样负有责任时，这招来了嘲笑。这对夫妇在很大程度上远离了社会，也许是因为他们的关系招惹了很多八卦。1858年，哈丽雅特因呼吸衰竭离开了他。他在生命的最后日子里完全避免与人交往，而后于1873年在法国去世。戴维·斯塔克（David Stack）注意到"没有很多家人聚集在他身边，没有意义深远的遗言，没有大型的葬礼聚会。"他被葬在哈丽雅特旁边。对于今天被认为的有史以来最伟大的思想家之一，这结局令人悲伤。

14

哈丽雅特·马蒂诺
Harriet Martineau 1802—1876
维多利亚时代的安·兰德

构想经济理论是一回事,让人们理解它们则完全是另一回事。本书讲述的经济学家都有一个长期存在的问题,那就是他们几乎全都没有用简单的语言解释自己的理论。这不只是因为他们表达的思想很复杂(当然这也是事实),还因为他们的写作能力不强。

但这正是哈丽雅特·马蒂诺的用武之地。尽管她现在几乎默默无闻,但作为一位经济学教育家,她无人能及。在马蒂诺生活的时代,她的作品可能比其他经济学家的作品卖得都好。从根本上讲,她写的经济学小册子是一种教材,但她却选择用故事来解释自己的思想。从这个意义上讲,将马蒂诺与安·兰德(Ayn Rand)进行比较,跨越并没有那么大。在马蒂诺之后的一个世纪,安·兰德出版了几本具有清晰的经济哲学思想的畅销书。利用她的作品,马蒂诺向维多利亚时代的英国人灌输基本的经济思想。在这一点上,她比其他任何作家的贡献都大。

马蒂诺是英国诺里奇（Norwich）一个纺织品制造商的女儿，来自中上层社会家庭。[1] 在对待女孩教育方面，她父母的比较进步，四个女儿接受教育的标准与四个儿子相似。尽管马蒂诺没有接受过"政治经济学"的正规训练，但从很小的时候，她就对这门学科着迷。

最初激发她兴趣的是一本提到英国国债的地理书。她似乎成了大家的开心果，因为时间不长，她的家人就会"把我当成圣诞游戏的筹码，要求我让在场的每个人了解偿债基金的运作"。当时英国政府利用偿债基金偿还债务。在她的自传中，马蒂诺回忆道："当我告诉他我在 15 岁之前就厌倦了他的名字"时，托马斯·马尔萨斯很开心。

马尔萨斯并不是马蒂诺唯一的名人朋友。在她生活的那个时代，她也算是个名人，在 19 世纪 30 年代初搬到伦敦之后更是如此。最终，迈克尔·希尔（Michael Hill）说："她的知识分子圈子里有查尔斯·巴贝奇（Charles Babbage）、托马斯·卡莱尔、乔治·艾略特（George Eliot）、弗洛伦丝·南丁格尔（Florence Nightingale）、查尔斯·狄更斯、托马斯·马尔萨斯、威廉·华兹华斯、夏洛特·勃朗特（Charlotte Bronte）、查尔斯·莱尔（Charles Lyell）和查尔斯·达尔文。"她也去过很多地方。1837 年，马蒂诺出版了《美国社会》（*Society in America*），这是她在为期两年的美国考察之旅后写的一份报告。她曾经到中东旅行，这在 1848 年出版的《东方生活：现在和过去》（*Eastern Life, Present and Past*）中有详细的描述。在那之后，她接受了无神论。1853 年，她将奥古斯特·孔德（Auguste Comte）的《实证哲学》（*Positive Philosophy*）首次翻译成英文，将这本长达 4000 页的巨著压缩为更易理解的 2000 页内容。

学习，然后服务

马蒂诺文学创作之路的开端远称不上诱人。19世纪20年代，马蒂诺家陷入了困境。1829年，家族的纺织生意倒闭了。² 订婚失败后，马蒂诺几乎没有机会通过婚姻获得收入。于是，在诺里奇的家中，她联系上了一家出版商，同意以每篇5基尼的价格为它写故事，主要是宗教题材。［马蒂诺后来写道："因为亏了钱，（我）可能会像乡下妇女一样，过着简朴的生活，收入微薄，做针线活，精打细算，一年比一年拮据。"］

这些故事在商业上取得了成功，并获得了评论界的好评。但不久之后，她与宗教故事渐行渐远。19世纪20年代末，她偶然发现了一本简·马塞特（Jane Marcet）于1816年出版的《政治经济学对话》(*Conversations on Political Economy*)。这本书仿佛旧瓶装新酒，马塞特摇身变为了苏格拉底，向读者介绍一个令人兴奋的新领域：政治经济学。

她也是这样做的。通过"卡洛琳"和"B夫人"之间呆板的对话，马塞特解释了亚当·斯密、马尔萨斯和大卫·李嘉图的思想。卡洛琳会问B夫人一些引导性的问题，然后这位年长的女士会详细解释当时人们的想法。马塞特的意图是借对话让人们了解政治经济学，但人们并没有真正意识到这一点。你可以把它想象成19世纪初版本的《戏谑历史》(*Horrible Histories*)。[1]

马塞特志向高远；然而，马蒂诺缺乏执行力。与《戏谑历史》不同，她的作品极其单调乏味。在一个著名段落中，B夫人说："你

---

[1] 《戏谑历史》是英国的系列儿童读物，它用漫画和笑话来解释历史事件。内容多为战斗、流血事件和战争的历史。

知道的,资本完全来自收入的节省。"卡洛琳慢吞吞地答道:"我们消费得越少,储蓄得越多,就越好。"

马蒂诺决心改进马塞特的作品。她在自传中写道:"这让我立刻想到,通过在选定的段落描述其自然运作方式……可以同样的方式将整个学科(政治经济学)的原理有效地表达出来。"正如玛格丽特·奥唐奈(Margaret O'Donnell)所说:"马蒂诺看到了经济教育的需求,但不是对精英,而是对大众。"与马塞特不同,马蒂诺不会使用苏格拉底的方法阐明政治经济学的原理;相反,她采用大白话讲故事。

19世纪30年代初,马蒂诺开始围绕政治经济学写作。她发现了一个市场空白。正如马克思·弗莱彻(Max Fletcher)所言,"到了19世纪30年代,古典经济学家已经对不受监管的经济体系的运行形成了一个相当完整、全面的观念体系,中产阶级渴望了解这些观点,但不愿意通过研究专业论文获取。"没错,这些论文很难啃。因此,马蒂诺从最简单的概念开始入手,比如资本、消费和劳动力,并在《政治经济学图解》(*Illustrations of Political Economy*,1832—1833)一书中论述了这些概念。然后她转向更为复杂的问题。在《〈济贫法〉及受施救者图解》(*Poor Laws and Paupers Illustrated*,1833)和《税收图解》(*Illustrations of Taxation*,1834)中,马蒂诺提出了政府干预自由市场的是非对错这个棘手的问题。

然而,马蒂诺的重要观点是,像安·兰德一样,她想要支持一种特定类型的经济学。她赞成自由市场、硬通货和道德责任。"银行家伯克利"(Berkeley the Banker)这则故事表达的观点就是支持金本位制。所谓金本位制,即一种货币可以自由兑换成一定数量的金块。有人递给糖果商一张5英镑的钞票,想要买一些糖果。糖果商发现自己的零钱不够，就说："哎呀，我找不开。"人们误以为她说的是没有足够的金子兑现钞票，银行挤兑随之发生。安妮特·范（Annette Van）解释说："在金本位制度下，镇上的居民……永远不会误解这些话，他们理应知道纸币必须被兑现，因此，糖果商的意思只能是缺少适当的零钱。"由此，你可能会说马蒂诺不是这个世界上文笔最为巧妙的作家。

另一个故事"金砂糖"（Demarara）则专注于阐释劳动生产率的概念。[3] 主人公阿尔弗雷德是种植园主的儿子，他从英国回到西印度群岛，在那里他了解到政治经济学的所有乐趣。这位种植园的儿子试图向其他种植园主证明亚当·斯密的观点：虽然表面上是"自由的"，但实际上，奴隶劳动比有偿劳动的经济效率要低。

在阿尔弗雷德遇到的制度下，奴隶经常受到处罚，为的是让他们做得更好。其中一个人物一边轻蔑地看着那些"在应该干活的时候不露面的懒汉"，一边说："他们只是被鞭子抽一下下。"但是，有座水坝需要维修，阿尔弗雷德做了一个实验：向奴隶支付报酬，并"让他们尽可能地像英国工人一样干活"。不出所料，那些得到报酬的奴隶生产率更高。"水坝修好了，磨坊可以用了，奴隶的境况也有好转，承包商满意地回家了，全部的花费比雇这么多不愿干活的人要低。"这则故事的寓意很明显：自由的劳动力市场比奴隶制度好。

马蒂诺喜欢用最简单的方式表达经济思想，这招致了很多同时代人的批评。例如，在致托马斯·卡莱尔的信中，约翰·穆勒抱怨说：马蒂诺"将自由放任体系简化到了荒唐的地步"。或许穆勒感到父亲詹姆斯受到了轻视。安妮特·范指出，詹姆斯·穆勒"写出了自己通俗版本的政治经济学，即《政治经济学要义》（*Elements of Political Economy*），但在吸引大众读者方面不如马蒂诺的作品成功。"

然而，马蒂诺并不抱什么幻想。她知道自己过于简化了。错的是那些批评她的人，因为他们误解了她想要达到的目的。她说："没有人比我本人更懂我的小说中所传达信息的细微程度。"简化是为了更大的利益。她想要让人感兴趣；最重要的是，向维多利亚时代的英国中产阶级传授知识。她在自己的一本故事集的序言中指出："政治经济学研究可能比其他任何一门学科的研究都少，大众是最应该关心政治经济学的人，但他们根本不研究政治经济学。"

残酷的现实

马蒂诺的小说比马塞特的写得好。但遗憾的是，正如你可能已经知道的那样，它们也没有太大的文学价值。下面是一段比较有特色的文字，还算是吸引人的，它描述了两个人之间的对话：

> "那么，唯一要做的就是尽可能多地向工业开放渠道，消除一切阻碍工业自由发展的障碍？"
>
> "正是如此。"

一位传记作家说马蒂诺的作品"大部分内容呆板，情感虚假，少有的幽默尝试也缺乏技巧"。穆勒也不隐瞒自己的看法。他说马蒂诺"学会了把好女人的感情借男人的嘴说出来，让小事看起来像大事"。[这激烈的言辞出自《妇女的屈从地位》(*Subjection of Women*)一书的作者！[1]] 功利主义历史学家莱斯利·斯蒂芬斯（Leslie

---

[1] 《妇女的屈从地位》的作者是约翰·穆勒和妻子哈莉亚特·泰勒·穆勒。穆勒的妻子和继女对这本书的创作给予了极大的帮助。

Stephens）甚至称马蒂诺的书"不值一读"。

但是，奇怪的是，这些小说在当时很受欢迎。据估计，《政治经济学图解》第一卷卖出大约 1 万册，出版商估计这意味着约有 14.4 万名实际读者。相比之下，约翰·穆勒的《政治经济学原理》在出版后的最初四年里总共卖出了 4000 册。查尔斯·狄更斯的多本小说也只有 2000 册或 3000 册的销量。一位传记作家称马蒂诺的小说在商业上的成功是"神奇的"。如此惊人的成功激怒了自炫博学的经济学家。其中，最尖锐的批评者是他，他的著作《政治经济学原理》的销量远低于马蒂诺的作品，这让他感到尴尬。

既然马蒂诺的书在学术上没有什么过人之处，写得也不是很好，为什么它们会如此受欢迎呢？这可能与英国中产阶级在瞬息万变的世界中如何看待自己有关。

最好的世界

马蒂诺的书出版时或许赶上了工业革命最残酷的时期。生活水平在下降：在曼彻斯特等大城市，人口出生时的预期寿命不及 30 年。对于英国的中产阶级来说，很难将这种困境与古典经济学派的理论画上等号。古典经济学派认为自由市场会带来最好的结果。如果资本主义真有那么好，为什么还有那么多人受苦呢？

马蒂诺让一致性发生了。用伊莱恩·弗里德古德（Elaine Freedgood）的话讲，她的《政治经济学图解》向读者揭示了"那些相信市场会'自行'运转的人所期待的幸福结局"。不妨看一看《荒野求生》(*Life in the Wilds*)。这本小说讲的是非洲南部一些英国殖民者遭到当地人洗劫的故事。她说："野蛮人拿走了他们的工具和武器，烧毁了他们的房子，里面的小家具也未能幸免，除了身上穿的衣服外什么也没留下。"

一无所有的殖民者必须从零开始发展经济。有一段时间，他们"像野人一样生活，靠树根、水果和鱼为生"。一个定居者说："鱼当然非常好，但最近我们吃了那么多，人们可能会以为一年到头都是大斋节。"（更多的是对"无望"努力的一种幽默表达）。因此，他们着手建设一种新经济，创造多样性和丰富性。

主人公阿诺尔是个势利而懒惰的家伙，不喜欢工作。但他在绝望之中设计出一种捕捉动物的装置。弗里德古德认为，随之而来的是劳动分工的自发演变：有些人做箭，另一些人准备肉。不久之后，移民们再次生活在一个繁荣兴旺的定居点。这个故事的寓意很简单：如果让市场自行其是，允许每个人追求自己的利益，每个人都会变得更好。也许不是今天，也许不是明天，但最终总会实现。

通过这样的故事，马蒂诺诱导读者不要过于担心19世纪中期英国的社会问题。弗里德古德明确地将这种做法称为"消除恐慌"。没错，马蒂诺说，目前可能很艰难，但这不是资本主义的错，它可能是一些被误导的政府插手干预的结果。最终，自由市场将为所有人带来繁荣。对于见证了工业资本主义诞生的中产阶级来说，这是一个让他们安心的消息。他们所要做的就是放手让市场做自己的事情。

不只是平民主义者

1834年的《济贫法修正案》（Poor Law Amendment Act）是19世纪的政策改革之一，在影响人们对它的态度方面，马蒂诺发挥了关键作用。

从伊丽莎白时代就存在的济贫法制度已经过时，19世纪初，它受到了猛烈的抨击。在旧制度下，穷人有权获得"院外救济"，实际上，这是一种发放现金或食物的福利支出。

但是，该制度越来越不可持续。1832年，尽管粮食价格低得多，但济贫总支出超过了1818年以来的任何一年。当时公布的政府报告提到了"不定期领取救济金的人"，他们利用制度执行的不严格，进行小规模的欺诈，从管理者那里多次领取救济金。让政府的部长们担心的是，过于慷慨、易于操纵的制度会使人们不再愿意诚实劳动。托马斯·马尔萨斯提出了一些反对旧济贫制度的观点，最具说服力的是，他认为该制度并没有真正帮助到穷人。事实上，他认为恰恰相反，因为它鼓励妇女生育更多的孩子，从而增加了劳动力供给，压低了平均工资（见第11章）。

马蒂诺在这场争论的中心。她和马尔萨斯是好朋友，跟纳索·西尼尔也是好朋友，后者是改革旧济贫法的幕后推手之一。政府委托马蒂诺撰写《济贫法及受施救者图解》，该系列包括四个故事，目的是帮助济贫法委员会开展工作，而该政府机构的任务是确定需要做哪些工作。

其中的一个故事是"表兄马歇尔"（Cousin Marshall），它对旧济贫法制度展开了批评。[4] 故事是从一个可怜的女人布里奇曼太太和她的孩子们讲起的，他们无家可归，却不是因为自己有什么过错。她们需要帮助，但布里奇曼夫人的姐姐贝尔夫人却帮不了。贝尔夫人一直靠政府的救助生活。因此，她失去了自力更生的意识，也没有了家庭责任的观念。

虽然马歇尔跟他们并非特别近的亲戚，他却救了他们。表兄马歇尔没有接受政府的救济，因此，正如弗里德古德所说，他有"更强的社会责任感和家庭观念"。这种观点认为，照顾需要帮助的人，责任在家庭，而不是国家。表兄马歇尔收养了布里奇曼四个孩子中的两个；遗憾的是，另外两个必须去济贫院。

这些故事强化了济贫法活动人士通常讲的一个观点，即政府提供的援助削弱了人们的责任感和慈善意识。它让他们变成了希望国家为他们做事，而不是自己把事情做好的人。弗里德古德等历史学家认为，此类故事的寓意在于：若是福利发放更加严格，人们反倒会更负责任，更有道德。没有人知道马蒂诺的故事对政策制定者产生了什么影响。判断公众舆论实际上是不可能的。当然，对于那些比较同情穷人的人来说，她一定程度上成了可恨的人。但很明显，不久之后，政府意见的重心就转向了旧的济贫法制度。1834年的《济贫法》禁止院外救济（向济贫院外的穷人提供援助），以驱使人们工作。

静悄悄的革命者

总而言之，马蒂诺在经济学史上的地位比较奇特。她不是一个"真正意义上的"经济学家，因为她没有提出新的理论，也没有被人特别严肃地当成一位作家。今天很少有人读她的书了。

然而马蒂诺在创建经济学方面发挥了重要作用：经济学这门学科不仅关注公众问题，也涉及公众对这些问题的关注。马蒂诺理解经济理论，并以普通人能理解的方式把它们写出来。她巧妙地引导英国大众理解经济学，并使他们相信经济推理是有效的。至关重要的是，她让他们相信自由市场经济是一件好事。她是19世纪中期某些政策辩论的中心人物，在学究气十足的专家和普罗大众之间传递着思想。在今天，哈丽雅特·马蒂诺可能是一个无足轻重的人物，但这本书中，她是最有影响力的经济学家之一。

15

威廉·斯坦利·杰文斯
William Stanley Jevons 1835—1882
政治经济学与经济学的区别

玛格丽特·沙巴斯认为:"如果有任何单一的特征将当前的新古典经济学与古典经济学区分开来的话,那就是对数学的运用。"在很大程度上,亚当·斯密的《国富论》是对为什么有些国家富有而有些国家贫穷的历史研究;西蒙德·西斯蒙第觉得有效运用一个令人信服的历史论据比接受一个方程式更让人舒服;大卫·李嘉图和托马斯·马尔萨斯的理论稍微抽象一些,但不含复杂的代数公式。但是,今天的情况完全不同了。大多数经济学论文的文字只有几页,却有很多页的方程式和统计表;而且,越来越大的附录成为发展趋势——其中包含更多的方程式和统计数据。若说把政治经济学变成经济学,那还得感谢威廉·斯坦利·杰文斯。

阿尔弗雷德·马歇尔称杰文斯是"抽象定量推理的……主要作者"。杰文斯认为自己彻底改变了政治经济学,程度之深以至于有必要为政治经济学换一个名字。1879年,在其《政治经济学理论》(Theory of Political Economics)第二版的序言中,杰文斯写道:"我会提议用一个方便的术语'经济学'取代'政治经济学'。我不禁想,最好尽快抛弃我们这个古老的、麻烦的、由两个词组成的名字。"[1]在其短暂的一生中,杰文斯似乎取得了很多成就。但是,为什么今天他的知名度却不高?

量化世界

1835年,杰文斯出生于利物浦一个信奉独神论的家庭。在11个孩子中,他排行老九。他聪明伶俐,年轻时的样子与当今比利时足球明星埃当·阿扎尔(Eden Hazard)惊人地相似。由于信仰的问题,杰文斯被禁止进入牛津大学或剑桥大学(在前文中我们提到穆勒也是如此)。他只好去了杰里米·边沁于1851年创立的伦敦大学学院,该学院招收不信奉英国国教的新教徒。这个地方的功利主义对杰文斯产生了很大的影响。他学习了生物学、化学和冶金学。他的科学背景在其经济思想的发展中发挥了重要作用。

杰文斯从小就见证了资本主义的残酷现实。1848年,父亲的钢铁生意倒闭,这最终迫使杰文斯离开伦敦大学学院,前往澳大利亚。他在悉尼的皇家造币厂工作,为家人赚钱。杰文斯在一个书架看到一本斯密的《国富论》,打开阅读之后,他第一次对形式经济学[1]产生了兴趣。但他喜欢的理论很特别。他发现书中的论证不严密,也

---

[1] 经济学分为实质经济学(substantive economics)和形式经济学(formal economics),这种划分源于卡尔·波兰尼(Karl Polanyi)的研究。在西方工业社会市场经济背景下产生的形式经济学有一个基本假定,即人类的物质需求是无止境的,而满足人类需求的资源是稀缺的。因此,人们应基于理性,以最少或最低限度的投入实现利益或利润的最大化。

不科学，认为自己可以做得更好。他认为解决办法就是数学。

杰文斯开始尝试将数学应用于解决经济问题。不久之后，对煤炭行业的研究使他得出一个令人震惊的发现，正是这个发现让他声名鹊起。他的计算结果显示，英国还剩大约 1000 亿吨煤，但煤炭的开采速度在迅速增加。他借鉴了托马斯·马尔萨斯的一些术语和理论，并为煤炭耗尽后英国的前景忧心忡忡。世界上最富有的国家的经济会化作尘土吗？他的专著《煤炭问题》（*On the Coal Question*，1865）是第一次详细定量研究英国煤炭储量的成果，它使年轻的杰文斯在国内崭露头角。

当然，杰文斯以马尔萨斯人口论的方式看待英国煤炭供给过于悲观。约翰·贝拉米·福斯特（John Bellamy Foster）说："他的主要错误是低估了石油和水力发电等煤炭替代品的重要性。"[2] 英国的煤炭供应绝不会制约它在 19 世纪乃至 20 世纪的经济增长。

但是，在另一点上杰文斯的推理经受住了时间的考验。他提出了后来被称为"杰文斯悖论"的观点。杰文斯想知道英国是否可以减少煤炭的消耗量，以便推迟煤炭耗尽那一天的到来。但是，他立即放弃了这个想法。事实上，他认为随着能效的提高，能耗会增加，而不是减少。随着利用能源的成本下降，将有更多的人使用能源。他说："假定节约使用燃料就等于减少燃料消耗……但是事实，恰恰相反。"杰文斯悖论至今仍在影响着有关环境问题的辩论；否则，就无法解释这样一个事实：在 21 世纪，汽车的性能越来越高，而其排放量却在继续上升？

杰文斯对《煤炭问题》取得的成功感到骄傲，因此决定更深入地挖掘数学作为分析工具的潜力。他的数理经济学宣言于 1871 年发表，名为《政治经济学理论》，当时他还是曼彻斯特大学欧文斯学院的教授。[3]他大力抨击在他之前的经济思想家。根据艾伦·弗兰克尔·保罗（Ellen Frankel Paul）的说法，杰文斯指责斯密和其他政治经济学家"是蹩脚的数学家"。杰文斯断言，大卫·李嘉图是一个"有能力但执迷不悟的人"，而约翰·穆勒是一个"同样有能力但执迷不悟的仰慕者"。他在其他地方写道，魁奈"构建了一个完全片面的经济学体系"。杰文斯在给弟弟的一封信中继续抨击魁奈，他相当傲慢地说："现在读其他有关这个问题（政治经济学）的书时，我不能不感到愤怒。"

《政治经济学理论》立即产生了影响。正如沙巴斯所述："它受到了几乎所有知名英文期刊的注意或评论。"1875年，杰文斯毫不谦虚地指出："我认为英国的舆论正在发生相当大的变化。"同年，查尔斯·达尔文之子乔治·达尔文充满激情地表示支持数理经济学，称它使自己受益匪浅。正如特伦斯·哈奇森（Terence Hutchison）指出的那样，"尽管古典经济学长期占据统治地位，而且具有权威性，但在19世纪60年代末70年代初的几年里，古典经济学的'理论'结构经历了公信力和信心的急剧崩溃"。剑桥大学经济学教授赫伯特·福克斯韦尔（Herbert Foxwell）指出，随着杰文斯著作的出版，"毫无疑问，穆勒在这个国家过时了"。

毫不留情

简而言之，杰文斯的论点是，政治经济学家的著作（可能不包括坎蒂隆[4]）太不精确了。就像李嘉图最声名狼藉的做法一样，长篇大论地探讨一个理论远不如写出整洁的方程或画出图表。设想一下用文字写下对供求曲线的解释，然后将之与用绘图表示的容易程度进行比较。杰文斯担心，如果没有数学，迷惑人的论点和逻辑谬误很可能悄然隐藏在解释之中。

用杰文斯自己的话来说，他的使命就是"彻底抛弃李嘉图学派那一套错综复杂而又荒谬的假设"。第一个将数学纳入经济学的人可能是威廉·休厄尔（William Whewell，1794—1866）或奥古斯特·库尔诺（Auguste Cournot，1801—1877），尽管杰文斯无法享此荣誉，但沙巴斯认为他"是坚持用数学处理经济学问题的第一人"。[5] 杰文斯说，如果经济学"要成为一门科学，它就必须成为数理科学"。

此时，有个问题值得一问：为什么政治经济学家没有大量使用数学？ 20 世纪 30 年代，美国著名经济学家弗兰克·奈特（Frank Knight）辩称："古典作家对数学概念一无所知。"我不确定这一观点是否正确。加文·肯尼迪是研究亚当·斯密的专家，他认为这个苏格兰人精通数学。格拉斯哥大学的数学家罗伯特·西姆森（Robert Simson，1687—1786）"鼓励斯密做课外研究。他的同学马修·斯图尔特（Matthew Stewart，1718—1787）后来成为爱丁堡大学的数学教授，杜格尔·斯图尔特教授是斯密的第一个传记作者，马修曾向杜格尔谈及斯密在解决'难度很大的几何题'方面的能力。"约翰·穆勒很懂数学。大卫·李嘉图也一样。

那么，（他们）回避数学可能有更深层次的考虑。遗憾的是，要弄清楚人们为什么不做某事绝非易事。我承认我还没有想出一个真正令人信服的理由，说明为什么政治经济学家几乎不使用数学。我也没有读到过此类文献，但推测一下还是可以的。

让-巴蒂斯特·萨伊的话或许表明了其中的一个原因。1803 年，恰值斯密去世后不久和穆勒出生前不久，那大约是马尔萨斯和李嘉图生活的年代，萨伊提到"我们每每用数学计算研究政治经济学时，总是被政治经济学误导"。这种想法导出一个结论：人是不可预测且不可靠的，以至于无法将人的行为简化为简单的方程式。用萨伊的话说，政治经济学"受人类的能力、需求和欲望的影响"，因此，"无法被缜密地理解，因此，也不能为任何绝对的计算提供数据"。

当然，关键在于萨伊的观点在多大程度上具有代表性。[7] 与杰文斯同时代的约翰·埃利奥特·凯恩斯（John Elliott Cairnes）是一位忠实的政治经济学家，而不是经济学家。他认为用数学方法解决经济问题时运用的许多数据很不可靠。凯恩斯还担心数学无法用于回答最深刻的经济问题，"除非要么证明心理感受可以用精确的数量来表示，要么证明经济现象并不依赖于（个体的）心理感受"。换句话说，你无法量化饥饿、欲望或爱等感受。

但是，杰文斯是带着不同的哲学背景闯进经济学领地的。首先，他是个科学迷。他制造了一架"逻辑钢琴"，这是一种让人能够进行逻辑推理的原始计算机。只要有可能，他很自然地倾向于用数学语言来表达自己的思想。总之，杰文斯在创作期间越来越多地发表统计数据，而且它们愈发可靠。

接着，杰文斯着手证明数学和经济学确实可以融合在一起。他收集了大量的经济统计数据，以缓解一些人的担忧，他们认为永远没有足够的数据进行有意义的计算。杰文斯承认，饥饿或爱在一定程度上无法被衡量。杰文斯的一位追随者在1875年说道："试图用数字来表达饥饿和干渴，是完全没有希望的。但这一事实并不是说无法准确地说出一个市民在给定时期内消耗了多少桶面粉，或者他们可能消耗多少面粉。"换句话说，我们可以衡量人们基于这些偏好的行为。

那么，萨伊等人提出的，人类行为不可预测以致无法以方程式概括的观点又如何呢？杰文斯推翻了萨伊的这一说法，他指出自然科学也是不可预测的，但这并不意味着硬科学[1]应该放弃数学。

除了表明在经济学中最好应用数学之外，杰文斯还是最早大量借助图表表达自己观点的思想家之一。用历史学家基思·克拉文（Keith Clavin）的话说，"杰文斯认为他的图表类同于复杂的数学，可让业余经济学家'看到'数学推导的结果。"当凯恩斯将阿尔弗雷德·马歇尔确定为"图解经济学"（见第18章）的创始人时，他的观点并不完全准确。

再也不是

杰文斯的科学世界观使他形成了最著名的经济理论。它涉及的是老生常谈的"价值"问题，这个概念在本书中反复出现。实际上，杰文斯之前的大多数经济理论家在讨论某物的价值时都忽略了价格问题。几乎所有的政治经济学家都依赖于劳动理论的变体，根据该理论，某物的价值是由所投入的劳动时间决定的。古典经济学家试图寻找这样一种"客观"的价值理论不足为奇。当时，通货膨胀非常不稳定。亚当·斯密一生经历的年通货膨胀率最高是28%，最低为-14%。在18和19世纪的大部分时间里，政治经济学家对经验数据也表现出普遍的怀疑。它有多可靠？对现实世界的观察足以形成普遍规律吗？

因此，人们认为，由于无法解释的市场波动，价格围绕某种"自然"或"绝对"价值波动。这个价值被认为是客观地决定的。你可以放心地忽略价格，因为它并不能真正反映任何东西。杰文斯完

---

[1] 硬科学（hard sciences），指其理论或事实可被精确测量、测试或证明的科学。

全反对这种方法,他争辩道:"科学方法中最毋庸置疑的法则之一是,无论现象是什么,你都要能够解释。这也是第一定律。"换句话说,不要只是假装价格不存在,而是要解释价格。杰文斯说:"如果一种现象确实存在,它就需要某种解释。"对他来说,相对价格和价值是一回事。

由此看来,杰文斯对劳动价值论没有兴趣。他认为"本质上工业是前瞻性的,而不是回顾性的,计划的结果很少与生产者的初衷完全一致。"换句话说,企业不能在生产过程的一开始就根据投入的劳动时间断言一件商品值 10 英镑。只有当商品真正进入市场并试图出售时,它才知道它的价值;而且人们可能只愿意花 8 英镑购买。

那么,如何解释价格呢?杰文斯说:"为了得出令人满意的交换理论……我们只能仔细地探寻效用变化的自然规律。"因此,效用才是决定价格或价值的要素,别的都不重要。

杰文斯选择效用是有充分理由的。回想一下,他上的伦敦大学学院是由杰里米·边沁创立的。艾伦·弗兰克尔·保罗认为边沁主义者的功利主义"显然得到了杰文斯的认同",她认为"该学说主张对人类幸福的影响是判断对错的唯一标准"。杰文斯说:"经济学的目标是以最低的痛苦代价……换取快乐,从而使幸福最大化。"对历史学家玛格丽特·沙巴斯来说,"所有经济行为都源于一定的人心中……快乐与痛苦的不平衡"。杰文斯的观点听起来也类似于亚当·斯密的老师弗朗西斯·哈奇森的原始功利主义观点。总之,用一位评论家的话来说,杰文斯是"第一个有意识地将英国功利主义与抽象经济学理论相结合的重要作家"。

然而,受杰文斯的影响,功利主义经济学比这要稍微复杂一点。它以完全成熟的形式引入了"边际效用递减"的概念。边沁似乎认识到了这一点，但并没有详细阐述。但这对杰文斯理解价值至关重要。

在科学研究中，杰文斯遇到了韦伯-费希纳定律（Weber–Fechner law），这是心理物理学领域的一个假设。该定律指出，人们对刺激的反应会随着每次的重复而越来越小。通俗地说，一旦你拥有了某件东西，拥有另一件同样的东西就没那么有用了。若是饿了，你可能想要个三明治。吃一个小三明治真的很好，有两个小三明治可能更好。但是，吃一个比没吃会带来更多"额外的愉悦"，吃两个比吃一个也是如此，而吃第三个三明治的额外好处非常小，吃第四个三明治的额外好处则几乎为零，甚至可能是负数，因为你必须花精力寻找一个地方储存或丢弃不再需要的三明治。杰文斯还用促进唾液分泌的例子来说明他的观点："进餐开始和结束之间乐趣的减少也是一个例子。"

对于杰文斯来说，某物的价格或价值取决于其对消费者的边际效用。这是一个复杂的想法，我们需要慢慢地理解它。首先，它把效用的概念置于中心位置，而重要的是个人的评判，这是一种主观的价值理论。因为草莓比苹果更有用，或者更美味，所以，一公斤草莓比一公斤苹果值钱。正如路德维希·拉赫曼（Ludwig Lachmann）所言，"当意识到价值远不是商品本身所固有的，而是等于评价意见与评价对象之间的关系时，便朝着主观主义迈出了第一步"。

但是，该理论更进了一个层次。这就是"边际"的概念。简言之，价格设定的水平使得人们已经不在乎是否拥有该商品了。他们会比较购买商品与不购买商品并持有金钱，看二者是否代表了同样的财富。用杰文斯的话说："他从拥有稍多些物品和拥有与物品价格相等的金钱中获得了相同的快乐。"

为什么会这样呢？若是出于某种原因，商品的价格被迫低于其"真正的"市场价格，越来越多的人会使用它，从而推高了它的价格，直到人们对于是消费它和还是持有货币无所谓的程度；若是价格不知何故被迫高于其"真正的"市场价格，则购买它的人会减少。真正关键的一点是，杰文斯依赖于消费额外商品的想法，因此，它是一个"边际"理论。让我们回到三明治的例子。如果一个三明治的价格是 2 英镑，杰文斯得出的结论是，摇摆不定的消费者对于购买三明治和持有 2 英镑是无所谓的。

钻石与水悖论是长期存在于经济思想领域的一个难题，据称，杰文斯的理论为它提供了一个答案。尽管水有用得多，但为什么水比钻石便宜得多？这使亚当·斯密烦恼不已。正如我们在第 10 章看到的那样，斯密认为这个悖论表明了效用问题在决定价值方面是多么无用。

杰文斯另有答案。他同意水比钻石更有用。不过，这又回到了我们所说的边际问题。杰文斯的理论认为，水的边际效用远低于钻石的边际效用。艾伦·弗兰克尔·保罗说："虽然水有巨大的效用，但它如此丰富，以至于在正常的市场情况下，对已经拥有所需一切的人来说，其所关心的最后增量价值很小，甚至一文不值。"相比之下，一颗额外的钻石会给某人带来巨大的额外效用。但设想发生了干旱，水的边际效用将非常高，人们愿意用钻石来换取一杯水，因为它能让人多活几个小时。

公之于众

这些理论的提出使得杰文斯成为当今经济学家所谓的经济学

"边际革命"的一部分。另外还有两人也被视为边际革命之父,分别是瑞士和奥地利的经济学家莱昂·瓦尔拉和卡尔·门格(Carl Menger)。有些经济思想史学家认为,杰文斯-瓦尔拉-门格的边际革命是一种误导,因为在奥古斯特·库尔诺和朱尔·迪皮(Jules Dupuit)较早的著作中可以找到边际主义的概念。大卫·李嘉图的地租理论也依赖边际概念(见第9章)。马克·布劳格认为,"经过半个世纪漫长而艰难的努力,经济学转变为一般的边际主义,特别是边际效用理论",最好把杰文斯-瓦尔拉-门格三人的贡献看成是这种努力的一部分。[8]

杰文斯和马克思

杰文斯的效用价值论是对自斯密以来古典经济学家所持的劳动价值论的全面反驳。这给当时享誉学术界的马克思主义理论提出了一个特别大的问题。回想一下,马克思主义的劳动价值论表明,剥削是资本主义不可或缺的一部分:工人生产的比他们拿回家的要多,资本家占有"剩余价值"。

杰文斯完全否定了这一点。一旦劳动价值论被证明确实讲不通,资本主义本质上具有剥削性这一观点就很难维持下去了。杰文斯的理论真正想要表达的是,有些工人的工资高于他们起床上班所需的工资,而不是低于他们应该得到的工资。菲利普·威克斯第德是杰文斯的信徒、社会主义者,1884年,他向《资本论》发起了"杰文斯式"的挑战,指责"伟大的逻辑学家(陷入)了形式化的错误(如果不是像我认为的那样,那就是陷入了实质性的错误)"。[9]第二年,萧伯纳写道:"没有什么比罗马天主教徒质疑教皇永无谬误更能引起社会反感的了。"遗憾的是，马克思没有参与对"边际主义者"的批评。[10]

斯密、李嘉图、穆勒……而不是杰文斯？

杰文斯的影响是不可否认的。事实上，最近有多位诺贝尔经济学奖得主都是数学家。今天，效用理论比劳动理论更受人尊敬，"边际效用"的概念是现代经济学的核心。如果头脑中没有边际理论，你就无法创建供求曲线这样基本的概念。

那么，为什么杰文斯的知名度不高呢？约瑟夫·熊彼特指出，他"从未产生与其成就的重要性相称的影响"。一种解释是他活跃的时间不够长。如布雷特·克拉克（Brett Clark）和约翰·贝拉米·福斯特所言，"由于杰文斯起步晚，英年早逝，他的学术生涯只持续了20年"。也许是因为积劳成疾，他于1880年退休，当时才40多岁。不久之后，在黑斯廷斯（Hastings）度假时，他到海里游泳，被卷入波浪，淹死了。杰文斯没有在任何一所最知名的大学任教过，因此，身后没有可以继续其研究的学生。

杰文斯之所以相对默默无闻，一个更有说服力的解释是他似乎对自己的价值理论感到困惑。他一上来就猛烈抨击，称李嘉图、斯密和穆勒为傻瓜，并承诺要用全新的方式有所作为。他的主观的边际效用价值论简单易懂，不啻为向认同客观的劳动价值论教条的人们发起了真正的挑战。似乎与以前的情况有根本的不同。但是，这并非故事的结局。

回到钻石与水悖论。根据杰文斯的观点，在某种程度上，某物在市场上的效用大小取决于该物的数量。钻石之所以有价值，部分原因是它们数量稀少。杰文斯承认"生产的成本决定了供应",这听起来是一个很有道理的观点,因为从地下开采钻石真的很难。令人困惑的是,杰文斯最终得出的结论却是:从长远看,价值究竟是由生产成本决定的。这听起来有点儿像李嘉图的观点。艾伦·弗兰克尔·保罗说:"杰文斯似乎将旧的生产成本要素(李嘉图思想的核心)悄悄带回到了价值理论中。"

越来越多的人开始相信杰文斯的经济理论并没有经过彻底的思考。玛格丽特·沙巴斯直言不讳地说:"杰文斯显然不是一流的哲学家。"[11] 与此同时,凯恩斯称杰文斯的理论是一本"有才气但轻率、不准确且不完整的小册子,与马歇尔那种苦心孤诣、完整、极其谨慎、极其不想追求轰动效应的方法相距甚远"。

伴随着杰文斯的价值理论给人造成的困惑,我们有必要问:在象牙塔之外,它们的影响力到底有多大?这个新理论听起来似乎将成为极端自由市场经济的理论基础。如果市场成功地实现了效用最大化——杰文斯似乎这么认为,那么,任何形式的政府干预还有什么存在的理由吗?政府充其量只能使总效用保持不变,但它更有可能使之减少。此外,杰文斯还关注个人是如何获得更多或更少效用的。这是一个不同于试图衡量社会总效用的问题,他对比较效用在人们之间的差异持怀疑态度。这似乎排除了"社会公益"的想法,反过来似乎表明政府干预几乎肯定是一个坏主意。

然而,在其政治著作中,杰文斯仔细考虑过政府干预完全适当的例子。他希望政府强制发布市场统计数据,因为这样更容易促成有效市场。他还赞成政府对工作场所进行监管,包括限制工作时间和实施安全措施。他认为,"如果能够清楚地表明现有的习惯做法有害于健康,并且没有其他可能的补救办法",这样的干预是没有问题的。在政策建议方面，杰文斯听起来很像穆勒，通常倾向于自由市场，但更愿意为了更大的利益而放弃纯粹主义。

那么，对普通老百姓来说，边际效用到底有什么不同呢？通过其最终的价值效用论，杰文斯可能已经彻底改变了李嘉图-穆勒经济理论。熊彼特称杰文斯是"有史以来最具原创性的经济学家之一"。然而，正如艾伦·弗兰克尔·保罗指出的那样，"这种在理论层面上戏剧性和根本性的重新定位并未延续至政府干预经济的理论，这与穆勒倡导的理论截然不同。"最终完成"经济学"的表述方式，并提出一连串社会改革方法的应该是阿尔弗雷德·马歇尔。

16

达达拜·瑙罗吉
Dadabhai Naoroji 1825—1917
指出房间里的大象 [1]

从 16 世纪到 19 世纪，世界的不平等在加剧。1500 年，生活在英国的普通人与印度或中国民众大致同样富裕。1900 年，英国的财富程度增加了 8 倍。很多西欧国家的经济迅猛增长，而世界其他地区的经济大都停滞不前。

亚当·斯密等政治经济学家对于决定"国家财富"的因素非常感兴趣。然而，很少有人思考殖民主义的经济学，尤其是西欧日益增长的财富是否以牺牲其他国家为代价的问题。即使是到处寻找西方资本主义问题的卡尔·马克思也没有那么多地考虑殖民主义的影响。但就在马克思写作的同时，世界首次看到了所谓的"帝国经济学"的萌芽，它考察了帝国对殖民者和被殖民者的影响。该经济学分支的主要代表人物是达达拜·瑙罗吉。

---

[1] 房间里的大象，比喻虽然明显存在却被人视而不见、不愿提及或不敢抗争的事情或者风险。

如今，瑙罗吉几乎无人知晓。然而，在他生活的时代，他是一个名人。他出生于孟买，出身于受益于英式教育体系的新兴印度阶层。他就读于埃尔芬斯通学院，这是一个为促进某些"当地人"的教育而设立的机构。他在学校最喜欢的科目是英语。用他的传记作者拉斯托姆·佩斯托尼吉·马萨尼（R. P. Masani）的话来说，对英语的热爱使他成为"头脑最简单的人都能理解的演说家和作家"。1855 年，他接受邀请，加入卡马公司（Cama & Company），这是一家贸易公司，可能是伦敦的第一家印度公司。

卡马公司给的薪水很高，而且瑙罗吉是一位"潮男"。马萨尼称他"穿着自己设计的服装在利物浦和伦敦四处闲逛：长款绒面呢外套，纽扣扣到胸部，一条白色的丝绸手帕环绕着衣领并穿过一枚没有任何修饰的金戒指，黑色长裤，一顶浅黑色天鹅绒帽子上面飘垂着蓝色丝绸流苏"。但瑙罗吉不太喜欢商业世界。马萨尼指出，"（卡马）的业务包括鸦片、葡萄酒和烈酒。达达拜无法说服自己把商品交易的收益放进自己的口袋，因为这些商品导致了成千上万人的堕落和毁灭。"于是，1856 年，他成为伦敦大学学院的古吉拉特语教授，并在此职位上一直干到 1866 年。

最为人所知的是，瑙罗吉是英国的第一位亚裔议员。[1] 1886 年，他代表自由党参加了霍尔本（Holborn）的选举，但竞选没有成功，因为霍尔本是保守党的票仓。针对他的败选，时任英国首相索尔兹伯里勋爵评论道："无论人类取得了多么巨大的进步，无论我们在克服偏见方面向前迈进了多大一步，我对英国选民开放到投票给一个黑人仍持怀疑态度。"据报道，维多利亚女王因首相侮辱了她的一位印度"臣民"而心烦意乱。

瑙罗吉决心证明索尔兹伯里是错的。在 1892 年的选举中，在基尔·哈迪（Keir Hardie）和弗洛伦丝·南丁格尔等人的支持下，他在伦敦芬斯伯里参加竞选。他可能放弃了平时的着装，以期让自己看起来"不那么像印度人"。据当时的一位观察家说，"他的外表看起来很像英国人，可能是布朗或琼斯，不可能是达达拜·瑙罗吉"。他赢得了选举，只比对方多了5票，并因此获得了"勉强多数达达拜"的绰号。在谈到他的获胜时，《卫报》写道："那些有幸认识他的人，从来不会忘记他敏锐的政治头脑，以及在任何地方都能脱颖而出的从容和魅力。" 2009年，芬斯伯里以瑙罗吉的名字命名了一条街道。

资本主义的最高阶段

本书之所以收录瑙罗吉是因为他的经济研究。他想知道为什么印度一直很穷，而英国却在飞速前进。在瑙罗吉的一生中，印度的人均GDP每年仅增长0.3%，大约是英国的四分之一（仅在20世纪上半叶，人均收入才有微小增幅）。对于印度的经济表现为何如此糟糕，瑙罗吉并没有做简单的解释。例如，克里斯托弗·贝利（Christopher Bayly）在研究印度思想史时，认为瑙罗吉"既没有考虑气候因素，也没有考虑马尔萨斯有关饥荒和匮乏的观念"。[2]

瑙罗吉更重视所谓的"流失理论"。这种观点认为英国"吸"走了印度的财富。1867年，就在马克思的《资本论》出版前几周，瑙罗吉在面对伦敦的东印度协会（East India Association）[1]发表演讲时首次简要介绍了他的流失理论。瑙罗吉和马克思当时都住在伦敦，但几乎没有迹象表明他们彼此认识。[3]

---

[1] 东印度协会，达达拜·瑙罗吉于1866年创立，总部位于伦敦，负责处理与印度有关的事务。其成员是印度人和退休的英国官员。

瑙罗吉并非第一个认为殖民主义削弱了印度经济的经济学家。1833年去世的拉贾·拉莫汉·罗伊（Raja Rammohan Roy）可能是第一个对印度向英国"进贡"表示不满的人。1841年，《孟买公报》（*Bombay Gazette*）一位亲印度的编辑请求读者站出来，表达对英国统治的不满。杰伊·韦·奈克（J. V. Naik）指出，有几封信是以笔名落款的，这些信件可能来自巴斯卡尔·潘杜朗·塔尔哈德卡（Bhaskar Pandurang Tarkhadkar）和鲍·马哈詹（Bhau Mahajan）等人，他们跟瑙罗吉一样，都在埃尔芬斯通学院学习过。这些信抱怨英国统治者正在使他们的国家陷入贫困。后来，瑙罗吉承认他不是考虑英国统治对印度经济影响的第一人。1867年，他宣称："20多年前，一小群印度学生和有思想的绅士秘密会面，讨论英国对印度统治的影响。"不仅仅是印度人担心英国对印度的统治带来的经济影响，1783年，（英国政治思想家）埃德蒙·伯克（Edmund Burke）也担心英国从印度获取财富，却"没有任何回报或偿还"。

贫困和繁荣

瑙罗吉的研究建立在这些贡献之上。1901年，基于对印度经济的研究，他出版了《印度的贫穷和去英国统治》（*Poverty and Un-British Rule in India*），他的研究达到了顶峰。他说了些什么？在他的著作中不可能找到对流失理论正式而严格的阐述。相反，该理论有多个分支。最简单的就是我们今天所知的"人才流失"——瑙罗吉称之为"精神流失"。有很多技术熟练的人从印度移民到英国，当然也包括瑙罗吉本人。瑙罗吉认为英国剥夺了印度最优秀、最聪明的人才，这阻碍了印度的发展。

但瑙罗吉并没有特别重视"精神流失"。他对印度"国际收支差额"（对国内经济和国际经济之间货币流动的称呼）方面的流失更感兴趣，用它解释印度经济的表现不佳。瑙罗吉将他的观点与约翰·穆勒的著作联系起来。

在 1848 年出版的《政治经济学原理》的一段文字中，穆勒解释了出口和进口运行的方式。从本质上讲，它听起来像是对休谟观点的重新陈述。设想英国的进口大于出口，其结果将是该国货币产生净损失。作为对这种货币"流失"（穆勒的话）的反应，英国经济活动中的价格下跌。这使得英国出口的产品更便宜。但随着其他国家积累了更多的货币，它们的物价将会上涨。于是，英国能够承受得起的进口产品减少，而其出口产品的价格将更具竞争力。由此，进出口恢复平衡，资金停止流失。

穆勒随后考虑了经济学家今天所谓的"无偿转移"的问题，即从一个国家到另一个国家的没有任何回报的货币支付：比如汇款、援助和税收务支出。利用之前的逻辑，穆勒认为"一个定期向外国付款的国家，除了损失了所支付的资金外，因为被迫以不太有利的条件用自己的产品换取外国商品，它还损失了更多的东西"。换句话说，由于支付了无偿转移，该国的价格水平将下降。因此，它将发现自己要增加出口并（或者）减少进口。该国的生活水平随之降低。

瑙罗吉受到了这个概念的启发，想知道它是否适用于印度。每年印度都向英国输送巨额资金，自己却一无所获。这些"无偿转移"的总称是"本地费用"（Home charge）。例如，在印度工作的英国人寄钱回家，以养家糊口和支持子女教育的费用。还有钱被转移到英国，用于偿还印度的公共债务。正如经济学家安格斯·麦迪森指出的那样，印度还为殖民地的管理者支付了工资。其中很多都非常高,"总督每年可得 2.5 万英镑,理事每年可得 1 万英镑。工程服务行业的起薪是每年 420 英镑,大约是印度劳动力平均收入的 60 倍。"据另一位经济学家梅格纳德·德赛(Meghnad Desai)估计,在瑙罗吉生活的时代,从印度到英国的资金转移大约有一半被认为是"无偿的"。

为什么这对印度不利?根据穆勒-休谟的逻辑,这意味着印度人不得不消费更少的进口商品,致使生活水平更低。这种转移也是一个固有的问题,因为资金来源于对普通印度人征收的重税。据瑙罗吉的计算,75% 的印度税收来自穷人。根据瑙罗吉及其弟子最为准确的估计,印度每年大约四分之一的税收收入被汇到英国。将如此多的税收收入撤出国内需求,用作他途,这是一个贫穷的国家所承受不起的。

瑙罗吉再次借用穆勒的思想,他认为"流失"减少了印度可用于投资的资本存量。如果印度的公司没有足够的资金进行投资,这个国家就不可能提高生产率。因此,它注定要贫穷下去;事实也正是如此。

数据来源

瑙罗吉(对殖民主义)的批评在当时是强有力的,现在看来亦是。直观感受,它是合理的;此外,它具有明显的政治含义。他的理论为民族主义者提供了坚实的思想基础。不论从道德上,还是从经济上,英国的殖民主义都是令人反感的。印度需要成为一个独立的国家。到那时,这种流失就会消失,因为印度不再需要向英国"进贡"。没有流失的资金将被用于刺激性投资,经济将得以增长。[4] 瑙罗吉还希望印度提高贸易壁垒，从而有助于保护刚刚起步的产业。[5]

随着时间的推移，瑙罗吉变得更像是一个咄咄逼人的民族主义者。他最终宣称："自治是唯一主要的补救办法。我们的希望、力量和伟大在于自治。"贝利推测瑙罗吉"似乎是第一个使用'自治'（Swaraj）一词表示印度统治地位的重要公众人物"。圣雄甘地居住在南非时，在他的房间里挂了一幅瑙罗吉的肖像，并称瑙罗吉为"民族主义作家"和"民族之父"。

但是，流失理论站得住脚吗？问题在于瑙罗吉认为的"流失"确切地包括什么。他对保险等所谓的"无形"进口知之甚少。由于没有购买实物商品，瑙罗吉认为在此类进口上花钱纯粹是浪费，它构成了"无偿转移"的一部分。但这不是一个恰当的假设。跟"有形"的进口一样，"无形"的进口也可以促进一个国家的经济健康发展。

还有一个问题是，由于英国给予印度隐性的财政支持，印度才得以获得廉价的信贷，并从中受益。马哈德夫·戈文德·拉纳德（M. G. Ranade）在1890年指出："一部分（流失）是贷款或投资于我们国家的货币产生的利息，我们非但不应该抱怨，反而应该感谢有一位债权人可以如此低的利率提供我们所需的资金。"其他人则指出英国正在对自己的殖民地进行投资。约翰·梅纳德·凯恩斯坚信英国的统治会给印度带来经济利益，在他看来，流入印度的长期资本事实上是所谓英国财富[6]"反向流失"[7]的证据。结果是，瑙罗吉可能高估了从印度到英国的流失量。[8]德赛说其规模每年约为GDP的2%。

那么，反过来看又当如何呢？如果2%的GDP没有"流失"，印度的资本家会拿这些钱做什么？瑙罗吉没有考虑这个问题。公平地说，若没有相当复杂的统计处理，就很难做到这一点。安格斯·麦迪森断言："如果将这些资金投资在印度，它们可以为提高（印度国民的）收入水平作出重大贡献。"

或许会吧。德赛反驳说，当时很多印度人更喜欢将黄金和白银等财富贮存起来，而不是用来投资。

但假设他们真的会拿这些钱投资，那也得没有流失才行。根据德赛的说法，GDP 的 2% 不会产生太大的影响。他计算道："如果（原本会）流失的 2%……全部投入到生产性投资中，增长率只会提高 0.12，最多到 0.15 个百分点。"数量很小。

因此，瑙罗吉的流失理论存在问题。为什么印度经济在 19 世纪增长得如此缓慢（如果确实如此），最合理的解释是什么？对于这个问题的回答已经引发了大量的学术研究，但没有足够的空间公正地完成这项研究。有些人认为，与瑙罗吉声称的相异，英国糟糕的行政管理是影响印度经济的主要因素。即便此时在世界市场上，英国的出口超过印度，但英国对印度的政治调整造成了经济动荡。[9]

一种诱人的组合

瑙罗吉对经济思想发展的影响，不易评估。大多数经济思想史作品，最多也就是偶尔提到瑙罗吉。在巨著《经济分析史》（*History of Economic Analysis*）中，熊彼特一次也没有提过他。

但是，瑙罗吉似乎影响了马克思。诚然，1867 年出版的《资本论》几乎没有触及殖民主义经济学，也没有提到瑙罗吉。但在生命快要结束的时候，马克思似乎理解了瑙罗吉的一些思想。有可能是他们共同的朋友、社会民主联盟的亨利·迈耶斯·海因德曼（H. M.

Hyndman）在一次晚宴上介绍他们认识的。[1]

不管怎样，瑙罗吉的思想似乎已经渗入到马克思的意识之中。1881年，马克思称"英国人每年从印度拿走的租金、铁路分红对印度人毫无用处；军人和文职人员的养老金……是一个抽血的过程，数额巨大！"马克思没有时间把这些思想融入自己的作品，因为两年后他去世了。如果马克思活得更久一些，今天，达达拜·瑙罗吉会是一位更为人所知的经济学家吗？

---

[1] 1885年，亨利·迈耶斯·海因德曼以John Broadhouse为笔名将《资本论》译作英文，并在英国《今日》杂志上发表，但恩格斯对他的译文颇为不满。

17

罗莎·卢森堡
Rosa Luxemburg 1871—1919
质疑马克思的女人

今天,罗莎·卢森堡之所以出名,主要是因为她的生活引人关注。她是19世纪和20世纪初为数不多的女性经济学家之一。1897年获得博士学位时,她是少数获得博士学位的女性之一;她的博士论文研究的是波兰经济对俄罗斯的依赖。她置身于那个时代喧嚣而危险的政治漩涡之中。她是多个激进左翼党派的成员,也是俄罗斯帝国内部民族主义运动的强烈反对者。随着时间的推移,她越来越"左倾"。1919年,德国自由军团受命镇压左翼革命者,朝她头部开枪,而后将她的尸体扔进一条运河。令人遗憾的是,她的经济学著作远不及她的传记受人关注;令人惊讶的是,英文期刊或经济思想史中几乎没有介绍过她的思想。迈克尔·布拉德利(Michael Bradley)说得没错,卢森堡的政治活动"使她在经济分析方面的贡献黯然失色"。

具体来说,她的经济分析就是马克思主义经济分析。卢森堡的著作汇集了本书介绍的多位经济学家的研究,她痴迷于托马斯·马尔萨斯、大卫·李嘉图,当然还有卡尔·马克思。卢森堡并非特别优秀的作家。跟很多马克思主义理论家一样,她的书中充满了费解的术语。但即使在今天,她的一些观点也会促使主流经济学家停下来思考。

你怎么敢!

卢森堡之所以引人关注,首先是因为她乐意与大人物马克思对着干。俄罗斯历史学家有一个有用的词"*tsitatnichestvo*",指用一连串的引用来代替思想的做法。很多所谓的马克思主义学者都是从假设马克思是正确的开始的。他们会先从马克思的全部作品中挑选引文,然后用于支持几乎所有听起来像马克思主义的论点或关于这个世界的解释,不遗余力地证明马克思"真正想要表达的是什么"。质疑马克思的著作会让你突然变得很不受欢迎,更不用说挑毛病了。

卢森堡无疑是马克思的忠实崇拜者。在提到魁奈的《经济表》时,她称其"如此错综复杂,以至于在马克思之前没有人能理解它"。但与此同时,她也很愿意指出马克思的疏漏。卢森堡在谈到马克思主义时写道:"马克思主义是一种革命的世界观,它必须不断寻求新的发现,完全抛弃曾经有效但已经僵化的论断,它的生命力在自我批评的思想冲突和历史的混乱中得到最好的保存。"

对于马克思的忠实追随者来说,卢森堡的做法令人震惊。多年来,"卢森堡主义"在正式的马克思主义圈子中成了一句粗话。斯大林不喜欢她。但卢森堡还是忍不住要说出自己的想法。

1906年至1914年,在柏林的德国社会民主党学校教授政治经济学和经济史的过程中，卢森堡完善了自己关于马克思的观点。由于第一次世界大战的爆发，该学校被迫关闭。[1] 她的学生说她是一位好老师。史蒂芬·鲁西斯（Stephen Rousseas）表示："正是在设法向学生解释马克思的理论，并以一种连贯而合乎逻辑的方式将其写下来的过程中，她越来越意识到它的深刻矛盾。"她最知名的著作《资本积累》(*Accumulation of Capital*) 于 1913 年出版。

卢森堡为自己所写的感到高兴。她在给一位朋友的信中写道：

> 写《资本积累》的那段时间是我一生中最快乐的时光……我仿佛处于一种陶醉的状态中，日日夜夜所见所闻只有这个在我面前美妙展现的问题，我也说不清是哪一个给了我更大的快乐：是在房间里慢慢地来回走动，设法解决复杂问题的过程，还是把思考结果写在纸上的过程。你知道吗？我用了四个月的时间就全部写完了，这是闻所未闻的，甚至连草稿都没再看一遍就直接付印了！

她提出了自己的理论，用以取代在马克思著作中发现的困惑之处。关于《资本积累》首先要说的是，它不是很抽象，但与马克思及其众多追随者的思想路径相冲突。这并不是说这本书很容易读，而是不容易读。卢森堡几乎没有时间沉迷于高级理论。例如，她对劳动价值论问题不是特别感兴趣，而马克思却痴迷于它，因为在他看来，劳动价值论"证明"了剥削工人阶级是资本主义不可或缺的一部分。相比之下，卢森堡则望着窗外说："显然有剥削。"用她自己的话来说，"积累问题本身纯粹是经济和社会问题；它与数学公式没有任何关系，没有它们也可以证明和理解它。"

它必然在某处结束

然而,剥削问题并不是《资本积累》的中心议题。简而言之,她想要回答的问题是:"促进经济增长的额外需求来自何处?"换句话说,经济增长源自经济中总消费能力的提高,但我们从哪里找到额外的消费能力呢?正如琼·鲁宾逊(Joan Robison,1903—1983)所说:"不断积累的需求来自哪里?"

回顾曼德维尔、西斯蒙第和马尔萨斯所述,某些经济学家长期以来一直对"生产过剩""消费不足"的问题感到疑惑:资本家会想方设法生产如此多的商品和服务,以至于没有人去购买它们吗?他们害怕肯定的答案。相比之下,让-巴蒂斯特·萨伊则说"不会"。重农主义者的《经济表》的含义也是"不会",这张图表的含义是"再生产"可以无限增长,即商品生产会越来越多。

1883年马克思去世后,解决生产过剩问题成为马克思主义者的头等大事。其中一位理论家特别引人注目。米哈伊尔·图甘-巴拉诺夫斯基(Mikhail Tugan-Baranovsky)曾受到让-巴蒂斯特·萨伊的影响,他认为生产过剩是不可能的。正如马克思主义理论家保罗·斯威齐(Paul Sweezy)的记载,争论大致是这样的:假设经济被分为两个部门,一个部门生产"制造其他产品的产品",比如机器;另一个部门生产消费品。人们认为两者相互依存。资本家通过投资新机器而扩大规模。因此,机器制造部门支出更多,而该部门的工人工资较高。然后,他们把这些工资花在另一个部门的消费品上。在这两种经济部门中,资本家都获得了更高的利润。然后他们会继续增加机器投资,循环就会和谐地持续下去。实际上,这就是马克思主

义版本的"萨伊定律"。²

图甘-巴拉诺夫斯基的论点寓意资本主义很可能会永远存续下去，这一点源自马克思的结论。然而，与萨伊相反，图甘-巴拉诺夫斯基认为，为了确保生产和消费之间的完全协调，需要政府制订计划。是的，这很可能是剥削性的，但不存在确保这一制度最终崩溃的内部矛盾。这（一结论）具有重要的政治意义。社会主义者不会等待资本主义被推翻，甚至不会试图迫使资本主义被推翻；相反，唯一的解决办法是从内部进行改革。图甘-巴拉诺夫斯基并不是唯一得出这一结论的理论家。1899 年，另一位马克思主义理论家爱德华·伯恩斯坦（Eduard Bernstein）出版了一本著名的书，敦促德国社会民主党放弃革命的思想，转而寻求社会改革。

热诚的革命家卢森堡是不能容忍这种懦弱（思想）的。因此，她开始表达完全相反的观点：资本主义不会永远存在下去。事实上，它随时都可能崩溃；至于被什么取代，无人知道。卢森堡那著名的"野蛮还是社会主义"正是由此而来。资本主义肯定会崩溃，当它崩溃时，工人阶级必须立即采取行动：必须抓住机会，按照自己的理想塑造世界。

卢森堡如何证明资本主义会崩溃？马克思关注的是假定资本主义利润率下降的趋势，而卢森堡认为资本主义将通过一种不同的机制崩溃。她明确提到了西斯蒙第、马尔萨斯和萨伊等人。确切地说，她要解决的问题是资本家如何一开始就有能力投资额外的机器。众所周知，马克思认为生产过程产生剩余价值，即超出付给工人工资的价值；但卢森堡的问题是：资本家如何实现这些剩余价值？根据定义，既然剩余价值是超过了所支付工资的价值，那人们怎么能买得起这些商品，并为资本家带来利润呢？用马克思主义的术语来说，这便是资本主义的"矛盾"所在。资本家渴望获得尽可能多的利润,导致他们付给工人的工资太低,从而减少了对他们生产的商品的需求。

当然,卢森堡理论的含义是资本快速积累成为不可能。资本主义是剥削性的,因此它无法增长。那么,在资本主义制度下,经济增长是如何发生的呢?主流经济学家基本上认为经济是随着生产率的提高而增长的:工人可以用同样的投入生产更多的东西。企业的资本支出也是一种需求。

卢森堡有不同的想法。她说解开这个难题的关键是殖民主义和帝国主义。历史学家迈克尔·查尔斯·霍华德(M. C. Howard)和约翰·爱德华·金(J. E. King)认为,"早在1884年,卡尔·考茨基(Karl Kautsky)就认为殖民地是资本主义扩张的先决条件,而德国缺乏殖民地是其未能与英国同时实现工业化的主要原因之一。"回想一下,多位古典经济学家曾对殖民主义的经济利益持怀疑态度。亚当·斯密厌恶东印度公司。让-巴蒂斯特·萨伊曾建议法国政府反对帝国扩张。但卢森堡的理论实际上发现,资本主义需要殖民主义。

继续繁殖

为什么资本主义需要殖民主义?根本原因是,对自己的商品来说,资本主义生产效率太高。资本家必须很快把目光投向国外,以便继续销售他们的商品,从而继续积累利润。这意味着资本主义将从一个因内部矛盾而阻碍增长的封闭体系,转变为一个可以持续增长更长时间的开放体系。[3]

卢森堡表明资本主义会不可阻挡地扩张至资本主义制度之外的

很多地方。她指出:"实际上,在旧资本主义国家之外,甚至在欧洲的一些国家,农民和手工业生产仍然占主导地位。最后,除了资本主义欧洲和北美之外,许多大陆的资本主义生产只是零散地分布。"

换句话说,非资本主义(如果可以这么说)允许资本主义持续下去。但这只是短期的,因为开放系统最终必然会封闭起来。世界只有这么大,资本主义最终一定会在所有地方占据统治地位。一旦所有的殖民地被消耗殆尽,卢森堡之前所说的逻辑最终会再次发挥作用。斯威齐说:"如果这是真的,资本主义的存在就取决于它的非资本主义环境,但在依赖这种环境生存的过程中,它也破坏了这种环境,那么遵循不可阻挡的逻辑,资本主义的日子也就屈指可数了。"

一些历史学家利用卢森堡的理论对过去做出了激进的解释。13至19世纪的"圈地运动"是将公共土地归私人所有,他们认为该运动是资本主义贪得无厌地接管非资本主义机构的一个例子。一些人则指出西班牙人正在移居美洲。还有人人仍然认为大英帝国是资本主义制度下不可避免存在帝国主义的一个例子。

这种对历史的解读可能是错误的。"圈地"这样的事多发生在资本主义刚刚起步的时候。对于帝国主义还有许多其他的解释。这也不是卢森堡理论的唯一问题。确切地说,这些非资本主义地区究竟是如何提供资金,从而让资本家获利的呢?她没有明确解释非资本主义地区让资本主义地区繁荣兴旺的机制。亨里克·格罗斯曼(Henryk Grossman)是卢森堡最尖锐的批评者之一,他的观点更进一步。他认为"与卢森堡的理论相反,落后国家作为发达资本主义市场的重要性恰恰在于它们的工业化程度。"换句话说,如果殖民地对资本主义有用,并不是因为它们不是资本主义地区,而是恰恰相反,因为有一天，它们也会发展为资本主义社会。

不止是一次大失败

今天，许多马克思主义理论家对卢森堡的著作不以为然。她对所谓的利润率下降现象缺乏兴趣，这是对马克思整个理论体系的一种轻视。直到最近，尤其是 2019 年，在她逝世一百周年之际，马克思主义者才重新认真地看待她。

非马克思主义者应该如何看待卢森堡？慷慨一点说，她的论点还没有被驳倒，世界上仍有很多地方不被视为资本主义社会。若卢森堡今天还活着，她可能会说资本主义对增长的限制迟早会自我暴露。主流经济学家会反驳她的理论，理由是资本主义实际上并不包含自我毁灭的种子；但越来越明显的是，它确实在生态方面受到了限制。

尽管如此，卢森堡的观点还是会让主流经济学家停下来思考。在历史上的某些时刻，经济学家曾担心资本主义已经到了无法进一步增长的地步。20 世纪 30 年代，面对持续疲软的经济增长，美国经济学家阿尔文·汉森（Alvin Hansen）提出了"长期停滞"一词，用以描述他所看到的情况。时间来到 2008—2009 年，面对金融危机后的增长乏力，劳伦斯·萨默斯（Lawrence Summers）为该词注入了新的内涵，他认为富裕国家人口的老龄化、储蓄增多，导致了结构性需求疲软。左右两派的经济学家都担心收入严重不平等不利于经济增长，因为富人会把收入存起来，而不是花出去。没有哪个主流经济学家提出帝国扩张是为了让资本主义摆脱恐惧。但是，跟卢森堡一样，他们认识到资本主义并不像一些古典经济学家认为的那样稳定。

18

阿尔弗雷德·马歇尔
Alfred Marshall 1842—1924
一个乐观的结局

他是那种典型的慈祥的剑桥大学教授。他最好的学生凯恩斯回忆道,在他家紧靠后园(the Backs)[1]的书房里,阿尔弗雷德·马歇尔"与学生有过无数次的对谈,他们会在近便的凳子或架子上放一杯茶和一块蛋糕,慢慢地交流,一坐就是一下午"。马歇尔喜欢在阿尔卑斯山漫步,走上几个小时,然后坐在冰川上,像他的妻子玛丽说的那样,"静下心来读几本书,比如歌德、黑格尔或康德的书"。有传闻说,他在圣约翰学院时的最佳思考时间是上午10点到下午2点、晚上10点到凌晨2点。

罗伯特·海尔布隆纳对他的描述令人难忘:"只需看看阿尔弗雷德·马歇尔的肖像,就能看出一个典型的老师形象——白色的小胡子,缕缕白色的头发,和蔼明亮的眼睛,极富教授风范。"马歇尔创

---

[1] 后园,指剑桥大学沿剑河的一片园地,之所以称"后园"是因为它在学院的背面。

建了剑桥大学经济系。他认为大学的经济学教育应包括"三年的科学训练，其特色和总体方法应与培养物理学家、生理学家或工程师相同"。马歇尔除了是一位很有影响力的大学管理者外，他出版的著作对学生也产生了巨大的影响。琼·鲁宾逊是凯恩斯的同代人，也是一位令人敬畏的经济学家。她回忆称，马歇尔于1890年出版的《经济学原理》（*Principles of Economics*）"就是经济学的圣经，除此之外我们知之甚少。杰文斯、库尔诺，甚至李嘉图都是脚注中的人物……马歇尔是经济学家。"

但是，不论是对剑桥大学，还是对更广泛的经济学，马歇尔的影响已经减弱，他不再拥有那种明显无可辩驳的地位。1995年，经济学家戴维·科兰德（David Colander）撰文概述了人们普遍接受的观点："马歇尔过时了，对大学本科生来说，（他的理论）充其量是一块教学垫脚石，此外，与现代经济学很不相关。"经济学家们普遍认为马歇尔只不过是把已有的理论一股脑地收入囊中，再整理成易于理解的教科书罢了。他们认为所谓"真正的经济学家"应该学习莱昂·瓦尔拉，瓦尔拉讲的都是新东西。有些作家甚至对马歇尔为什么是他那个时代最著名的经济学家表示困惑。有一种声音认为，在马歇尔时代，经济学经历了一段艰难岁月，当时几乎没有优秀的经济学家。一位评论家写道："相关的问题不是'为什么是马歇尔？'而是'还有谁？'"

别打扰阿尔弗雷德

这是不公平的，马歇尔名不虚传。是的，他确实认为自己的作用包括系统化和改进了他之前的理论。从这个意义上说，他并没有自命领导了一场革命。然而，马歇尔也引入了一些全新的经济理论。跟杰文斯一样，马歇尔也认识到纳入数学会扩大经济研究的范围，并提高其精度。他是一位经济学家，而非写政治经济学的作家。

最重要的是，马歇尔不仅仅是一位理论家。跟约翰·穆勒一样，马歇尔运用自己的智慧，探讨如何改善社会，特别是如何改善穷人的处境。他一直在思考身居要职的人可以怎样利用他的理论来影响政府的政策。马歇尔超越了穆勒，因为他非常认真地对待经验数据，从而使自己在政策建议上走得更远。马歇尔是最荣耀的象牙塔学者，深深地关切维多利亚和爱德华时代英格兰的穷人。

阿尔弗雷德·马歇尔生于 1842 年。他的父亲是英格兰银行的一名出纳，有些专横。跟约翰·穆勒的父亲一样，他会让儿子过度劳累，只不过阿尔弗雷德至少可以获准休假。与书中的大多数经济学家一样，他也是个"大书虫"。在学校读书时，一位朋友的哥哥给了他一本穆勒的《逻辑学》，他会在餐桌上跟与他结对子的学长展开讨论。对阿尔弗雷德来说，数学是一座避风港——看到父亲理解不了数学，他非常高兴。他的数学确实非常好。1865 年，他是剑桥大学数学甲等合格者第二名（Second Wrangler）——也就是说，他在数学考试中得到了第二名的高分［而当是排名第一的，是后来于 1904 年获得诺贝尔物理学奖的约翰·斯特拉特（John Strutt）］。

马歇尔开始在大学以教数学谋生，就在那时，他偶然发现了穆勒的另一本著作《政治经济学原理》。他花了很多时间快乐地"将（穆勒的）学说尽可能地转化为微分方程，并且将那些无法用方程表达的舍弃掉。"他也简略阅读过李嘉图的著作。1868 年，马歇尔担任"道德科学"（实际上是哲学）讲师，并从 19 世纪 70 年代初开始关注经济学。

要么独身，要么走人

几年后，马歇尔卷入了他最大的丑闻。在大学讲课时，他遇到了正在新建的纽纳姆学院学习的玛丽·佩利（Mary Paley）。他们于1877年结婚，这迫使他们离开剑桥大学，因为那时的教师均须宣誓独身。离开剑桥，马歇尔的职业生涯承受了很大的风险。然而到了1882年，独身的规定改变了，这对夫妇返回剑桥。凯恩斯回忆道："在剑桥允许教师结婚的第一年，几位最著名的教授都和纽纳姆学院的学生结婚了，道德科学学院的教授尤其如此。"那时，马歇尔和佩利在一起开展学术研究项目。凯恩斯指出，马歇尔的父亲"给他灌输了对待女性要专横的思想"，但他也承认"他（阿尔弗雷德）对自己的妻子感情深厚，而且很钦佩她"。保罗·萨缪尔森就没这么慷慨了，他发现阿尔弗雷德对玛丽"很不好"。

对于马歇尔的著作，最简单的解释就是把它看成前人思想的延伸。正如经济学家杰拉尔德·弗兰克·肖夫（G. F. Shove）所言，"马歇尔原理的分析支柱无非是通过数学手段，完成和概括了穆勒阐述的李嘉图的价值和分配理论。"在把杰出政治经济学家的理论转化为抽象的数学语言方面，还有谁比"数学科甲等合格者第二名"更合适呢？

在这一努力中，马歇尔试图澄清一些让人困惑的地方。此项工作的某些部分比其他部分更有趣。例如，历史学家一直在争论马歇尔受杰文斯的影响有多大，但没有取得很大进展。就像在他之前的大多数经济学家所做的那样，马歇尔似乎不愿意费心将"价格"和"价值"分开对待；相反，跟杰文斯一样，他只关注价格，认为价格和价值是一回事。但与杰文斯的理论不同的是，人们普遍认为最重要的是一个物体有多有用,而马歇尔的研究表明,生产一种东西的成本也会影响它的最终价格。

谈到大卫·李嘉图时,他的措辞有些强烈。这位古典政治经济学家继马尔萨斯之后,坚称工资趋于只能使工人维持生计的水平——不会更多。工人阶级像兔子一样繁殖,任何暂时性的人口增长都会促使劳动力供应增加,工资再次下降。在19世纪初,这只是一个站得住脚的观点。[1] 在李嘉图成年的时期,(英国人的)平均实际工资每年增长约0.4%——这太可怜了。

到了马歇尔的时代,情况就完全不同了。在他成年期间,(英国人的)实际工资每年增长接近1%。[2] 普通英国人消耗的卡路里日均量每年增加是李嘉图时期的两倍(1910年,英国人日均消耗热量,即一个年轻人所需的热量是3300卡路里,而这一数字在李嘉图出生时是2200)。农业和工业的进步表明李嘉图的理论是无效的。马歇尔断言:"我们对自然日益增长的力量使它产生了越来越大的超出所需的盈余,而这并没有被无限制的人口增长所吸收。"

换句话说,马歇尔并不赞同李嘉图的悲观看法。事实证明,工资并不总是下降到勉强糊口的水平。相反,马歇尔认为,"每类劳动力的工资往往等于该类劳动力边际劳动力额外劳动的净产出",这一解释与工资决定因素的现代理论非常吻合。这奠定了他对社会发展的乐观看法。他在19世纪90年代说:"贫穷和无知可能会逐渐消失的希望,确实从19世纪工人阶级的稳步进步中得到了很大的支持。"

地理很重要

这并非马歇尔改变经济学的唯一途径。地理学家在马歇尔的著作中发现了对今天"经济集群"概念首次详细的阐述。正如我们在第4章中所读到的,理查德·坎蒂隆提到过这种现象,但止步于提到。马歇尔将此称为"集中于某地的一个行业"。英国伦敦的金融城就是一个集群,硅谷也是,很多类似的企业聚集在一个特定的地方。在其著作中,马歇尔专注于谢菲尔德(Sheffield)的案例,它是一个大型餐具制造中心。马歇尔参观了这座城市,用他的话来说,"到处黑乎乎的,但风景如画"。他还参观了工厂。他不禁问了这样一个问题:为什么类似的企业会聚焦在一起?

有些经济理论认为这是没有意义的。如果公司决定在全国范围内均匀分布,就可以减少运输成本。为了向消费者供应商品,比如康沃尔人,谢菲尔德的餐具制造商不得不支付高额的费用。但这些不利因素会被其他因素抵消。马歇尔认为,在集群中,有一个"工业氛围",有利于提高生产力。正如他所言,"交易的'秘密'不再神秘;它就像空气一样,身在其中的孩子不知不觉学会了很多。"换句话说,几乎通过耳濡目染,在谢菲尔德出生和长大的人就会获得有关餐具的知识。工业氛围也有利于创新,"一个人提出了一个新的想法,它会被其他人接受,他们再结合自己的想法,成为更新想法的源泉。"在20世纪末,马歇尔有关集群的观点变得非常有影响力,在迈克尔·波特(Michael Porter)的著作中尤其如此。

凯恩斯还将各种其他经济概念归功于马歇尔。一个是链连接(chain-linking),这是一个不容易懂的统计概念,今天,世界各地的统计办公室都在用它制定通货膨胀的衡量标准(它还发挥其他用途)。另一个是购买力平价(purchasing-power parity),即相比其他国家,在某些国家生活成本较低。最后但并非最不重要的是,凯恩斯称"马歇尔对经济学家的贡献最大的莫过于他明确地提出了'弹性'的概念",

物价的变化会导致商品的需求或供应不成比例的变化。但在看到最广为人知的一个经济学图形之后就不是这样了，下面展示的便是供求图。事实上，这个著名的图形通常被称为"马歇尔交叉图"。

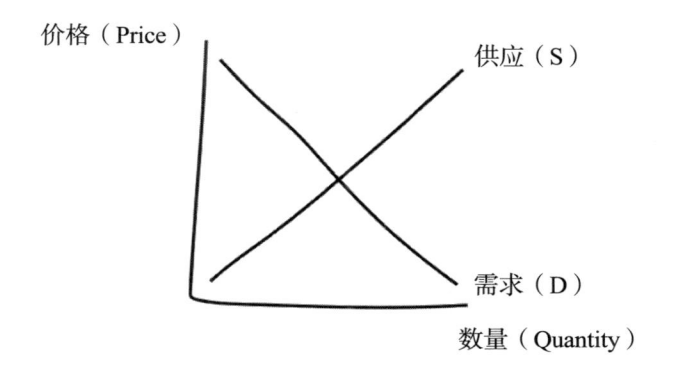

价格（Price）
供应（S）
需求（D）
数量（Quantity）

对于马歇尔是否真的是这种曲线图的"创造者"，争论激烈。[3] 凯恩斯称马歇尔为"现代图解经济学的创始人"。《经济学人》的文章认为，"马歇尔的书确立了利用图表说明经济现象的方法，从而发明了为年轻经济学家所熟悉的供求曲线。"

历史学家在吹毛求疵。约瑟夫·熊彼特批评了"不加评判就把'客观'上应该属于他人的东西归功于马歇尔的习惯，即使是'马歇尔式的'需求曲线！"在一份详细的研究中，托马斯·汉弗莱（Thomas Humphrey）指出，至少有五位经济学家在马歇尔之前使用过交叉图，包括奥古斯特·库尔诺。尽管如此，这幅图可能确实配得上"马歇尔式的"这个形容词，因为用汉弗莱的话说，马歇尔"解释得最为完整、系统和有说服力。"甚至，熊彼特也承认："几乎所有有用的图表都应归功于马歇尔。"

总而言之，马歇尔的贡献不只是古典政治经济学理论，还包括数学理论和图解。他有很多有趣的想法。即便如此，这也不是马歇尔对经济学的真正贡献。他把这门悲观、傲慢的学科变成了一个更敢于质疑和务实的学科。

想想马歇尔写作时的背景。19世纪中叶，政治经济学名誉扫地。李嘉图极度悲观的观点使得政治经济学被冠以"令人沮丧的学问"之名，并延续至今。查尔斯·狄更斯于1854年出版的《艰难时世》便描写了无情的功利主义和冷酷的葛擂硬。只有银行家受到的尊重低于政治经济学家。19世纪70年代中期，为了纪念《国富论》出版100周年，沃尔特·白哲特（Walter Bagehot）写了一篇颇为悲观的关于政治经济学的文章。并非多愁善感的他评论道：这门学科"在公众心中早已死去。不仅其影响不如从前，而且人们也不再跟以前一样相信它。"约翰·穆勒可能算是唯一知名的经济学家；但在某些圈子里，他就是一个笑柄。

因此，新一代的经济思想家几乎不可能只是修改一下他们祖先的著作，就希望取得最好的结果。马歇尔没有那样做。与杰文斯一样，他抛弃了"政治经济学"，而选择了"经济学"。这不足为奇。跟杰文斯一样，他认识到将数学纳入经济学会让经济学受益。马歇尔没有能力使用复杂的统计工具，例如回归分析[4]，这是当今经济学家可以使用的，但想必他一定用过。[5]但他说，习惯用数学工具会"迫使人们更加仔细地分析经济学的主要概念"。

但与杰文斯不同的是，马歇尔并不是一个数学疯子。没错，他认为在很多情况下数学有助于人们更加清晰地思考；而另一方面，他担心加入太多方程式会难以让公众喜欢这门学科。打开一本马歇尔的《经济学原理》，你会发现它的版面设计很奇怪，方程式都被放入了页底的脚注里。马歇尔知道，如果普通人看到他的书里塞满了代数，他们是不会买的。

尤其是随着年龄的增长，马歇尔日渐从原则上反对在经济学中使用抽象的数学。他对了解现实世界更感兴趣了，但是何原因促使他朝这个方向转变尚未可知。或许是因为生物学当时在剑桥大学很受欢迎吧——在所有自然科学中，生物学是使用数学最少的学科。[6]在马歇尔成为剑桥大学讲师的第二年，查尔斯·达尔文发表了《物种起源》。1898 年，马歇尔写道："经济学家的圣地是经济生物学，而不是经济动力学。"

无论出于何种原因，随着时间的推移，马歇尔对真实世界的数据越来越感兴趣，对创建理论的兴趣反而减弱了。马歇尔读了很多历史书。他曾经说："我身边总有一些通俗作品，休息的时候，我几乎通读过莎士比亚的全部作品、博斯韦尔（Boswell）的《约翰逊传》（*Life of Johnson*）、埃斯库罗斯（Aeschylus）的《阿伽门农》（*Agamemnon*），而且不止一次。"（通俗文学？！）他研究了卡尔·马克思，开始接受经济学的历史偶然性，即在某个时间和地点可能是正确的，在另一个时间和地点可能是错误的。马歇尔还发誓要更多地了解自己国家的文化和历史，而不是仅仅依靠数据表。1885 年，他在英国进行了一次长途旅行，从头到尾都很享受。在普雷斯顿（Preston），他入住了"我们见过的最漂亮的酒店"，而布莱克浦（Blackpool）居民的节俭让他印象深刻。

这些自我教育的过程改变了马歇尔的世界观。他开始相信早期的政治经济学家在创建理论时很幼稚。李嘉图提出了经济学的"铁律"，不仅涉及工资问题，还涉及价值、贸易和经济发展问题。马歇尔则认为："本世纪初英国经济学家的主要错误在于把人口看成一个恒定的量，而很少费心研究人数的变化"。

这一认识促使马歇尔采取了一种新的经济学方法。用稍显做作的话来说，马歇尔更倾向于依赖后验的知识，即来自经验的知识，而非先验的知识，即来自纯逻辑的知识。[7] 随着时间的推移，他逐渐远离了早年对数学杰文斯式的狂热。[8] 60岁出头时，马歇尔谈及数学的应用，有一句令人难忘的话值得全文引用。

> 在我教这门学科的后期，我越来越感到处理经济学假设的漂亮数学定理不太可能是好的经济学，我越来越循规蹈矩：（1）将数学当作一种速记语言，而不是作为探究的工具；（2）坚持使用它们，直至完成（目的）为止；（3）译成文字；（4）然后举例说明在现实生活中的重要性；（5）舍弃数学。[9]

雅各布·维纳评论说："今天，我确信几乎所有非数学专业的经济学家都有自卑感，若是看到数理经济学的先驱马歇尔弱化数学在经济学中的应用，他们因此得到些许不那么虔敬的喜悦，也是情有可原的。"但马歇尔不希望完全抛弃理论，而只是依靠生活经验。他说："在所有理论家中，最不计后果、最不可靠的是那些自称让事实和数字说话的人。"所有的观察都不可避免地带有理论色彩。马歇尔的《经济学原理》是典型的原理和数据相结合的产物。他在书中详细阐述了各种理论，但也有各种数据，从不同城市的人口到对"1903年大英帝国财富"的估值。

它有什么好处？

马歇尔是经济学家，但他所做的并不只是为了在学术上取得成功。他心中有一个非常实际的目标。他认为自己可以帮助政府制定良好政策。正如雅各布·维纳所说，马歇尔是"维多利亚时代的'自由主义者'，这是他对社会问题的总体定位"。19世纪后半叶，政治家们有史以来第一次真正对制定良好政策感兴趣。1867年，英国成年男性几乎都有选举权，两个政党别无选择，只能争取工人阶级的选票。维纳说："通过立法进行社会改革此后成为两党都受人尊敬的政治信条。"这是查尔斯·布思（Charles Booth）和西博姆·朗特里（Seebohm Rowntree）的时代，而马歇尔正处于这场新辩论的中心。[1]

他为政府高等教育政策（的制订）提供建议，并参与了20世纪初关税改革的辩论。1903年，马歇尔发表了《国际贸易财政政策备忘录》（*Memorandum on Fiscal Policy of International Trade*），最初是为支持自由贸易的财政大臣写的备忘录。特伦斯·哈奇森称其为"学院派经济学家撰写的最好的政策文件之一"。

马歇尔最希望的是减少贫困。环顾四周，他发现还有很多人需要帮助。尽管英国已经历了150年的工业革命，人们的实际工资也大幅上涨，但令人痛苦的贫困仍在继续。政治经济学家基本上认为工人阶级注定只能勉强糊口，设法提高他们的生活水平可能弊大于利，李嘉图、马尔萨斯和早期的穆勒尤其这样认为。相比之下，马歇尔对于如此缺乏雄心壮志的认知不感兴趣。他认为"一切生产的终点"是"提高人类生活的品质"，但在此之前，"经济学对人类更高福祉的影响一直被忽视"。

---

[1] 19世纪末和20世纪初，英国伦敦经济学院的一批学者针对英国城市工人阶级的生活状况和社会贫困问题进行了研究，以期为社会改良提供政策建议，其中就有查尔斯·布思和西博姆·朗特里。1892年，布思出版《伦敦的生活和劳动》，朗特里则于1899年、1935年和1951年对约克进行了三次贫困问题研究，并于1901年出版《约克的贫困》。

有一次，马歇尔走过一家画廊的窗户，橱窗里摆着一幅他所说的"落魄潦倒者"的画像，他立刻买了下来。"我把它摆到我的大学办公室的壁炉台上，从此把它叫做我的守护神。我致力于让这样的人也可以进天堂。"在《经济学原理》开篇，他就宣称"经济研究"的目的是确保"世界上所有人机会均等地过上有文化教养的生活，免受贫穷之苦和机械般过度劳作的不良影响"。

吃你的蔬菜

马歇尔对穷人的关心，有时让他看起来很像是维多利亚时代的人。在对经济理论的讨论中，他夹杂着一些伪善的道德说教。[10] 他认为有些人"不愿意辛辛苦苦做好一天的工作，以便挣到一天的工资"，这些人就是所谓的"渣子"。在抚养孩子方面不称职的父母需要受到惩罚："政府人员会进入这些人的家，要么把孩子带走，使之与父母分开，要么监察父母的言行，并限制他们的某些自由。"正如施蒂格勒所言，马歇尔认为"消除贫困的正确途径是（在最广泛的意义上）教育那些没有技能和效率低下的工人。"

但请忽视说教。马歇尔相信政策也有帮助。这比早期的古典经济学家向前迈进了一步，后者给穷人的唯一建议是少生孩子或去济贫院。马歇尔本质上是社会主义者。1890年，他在英国经济学与统计协会的主席致辞中说："这个世界（的发展）很大程度上归功于社会主义者，在读了他们极美的愿望后，很多原本慷慨的人变得更加慷慨了。"他承认："在对经济学有所了解之前，我就是个社会主义者。"他认为富人把他们过高的收入浪费在对他们没有真正用处的东西上。如果给予穷人更多的消费能力，社会整体福利将会高得多。

正如他所主张的,"如果能够削减那些无益于实现崇高目的的支出,利用所释放的资源为不太富裕的工人阶级谋取福利,幸福感和生活水平的大幅提升就可能实现"。

尽管如此,经济学家马歇尔绝不是社会主义者。和今天的自由主义者一样,他认为资本主义竞争是一件好事,而且依赖自由市场比依赖政府官僚的心血来潮更靠谱。正如他所言,"经验表明,在商业技术领域和商业组织中常见的创造性想法和实验,在政府事业中是非常罕见的。"马歇尔对于左派兴趣不大,他认为资本主义只有在"资本剥削劳动力,富人剥削穷人"时才会存在,并拒绝承认在管理和创业方面"有才干者不断尝试的好处"。当然,他也再三承认近几十年来生活水平有了巨大的提高。因此,得出马歇尔是"社会主义者"的结论并不完全正确。

但马歇尔确实期待改革,而且是实质性的改革。他建议提高向最富有的人的征税——现代读者对此不会感到惊讶。安东尼·阿特金森(Anthony Atkinson)是研究不平等问题的专家,他指出,20世纪初,英国所得税的最高边际税率仅为8%;而截至2020年,该税率已升至45%。跟穆勒一样,马歇尔也认为提高遗产税率是个好主意。与本书中的多位经济学家(如孔多塞)相反,马歇尔对于"某人有'权'继承不是他们挣到的钱"这个概念不太感兴趣。

马歇尔还赞成采取更直接的手段来改善英国最贫困人口的生活。他并不像约翰·穆勒那样大力支持工会,他可能担心工会发展得过快。这是一个合理的担忧,因为从1890年到1920年,工会成员的比例从10%上升至近40%。但他认为这些制度在为工人提供福利和保障方面有所助益。毕竟,他清楚地认识到低技能工人在找工作时不平等的议价能力。马歇尔的言论听起来与马克思的颇为相似,他认为"任何一群（非熟练劳动力）失去工作时，都有一大批人可以填补他们的空缺"。马歇尔还对引入"由政府主管部门规定"的最低工资的可能性感兴趣。经济学家西奥多·莱维特（Theodore Levitt）指出，马歇尔还有很多改善资本主义的其他想法，从对大公司的灵活调节到保护消费者的权益，不一而足。在马歇尔身上，我们看到了一项自由社会改革计划的萌芽，在随后的半个世纪里，该计划一直在持续着。

极限

在最有资格声称创立了经济学的威廉·配第爵士与当今颇有影响力的现代学科之间，马歇尔或许是那座最牢固的桥梁。在配第的"政治算术"之后，在大约150年的时间，抽象的理论占据着主流。古典政治经济学家试图把他们所知道的一切塞进一个美丽的、包罗万象的理论中，而且该理论最终会受益于正统的数学分析。尽管马歇尔是本书中最优秀的数学家，但他将经济学重新引向了经验主义的根源。

白哲特在1876年说过政治经济学"在公众心中早已死去"的话。人们受够了复杂的理论，它们把人当成机器人，而且认为生活水平的持续提高是不可能的。马歇尔现身，给我们讲了一个较为积极的故事。他说经济学家可以促成积极的社会变革，只不过他们得亲自动手。雅各布·维纳说："一旦马歇尔成为英国顶级的经济学家，（就不再有）对经济学的普遍指责……对人的要求就是'他们应该残酷无情'……人是否是令人沮丧的经济学的信徒这个问题就不再是个问题了"。

我们在马歇尔的著作中看到的是不精确、模糊和缺乏自信，虽然他的学说不如大卫·李嘉图等人的抽象概念令人印象深刻，却似乎更为现代。他意识到经济理论从来都不是一成不变的，这一结论已被他去世后经济学界发生的一切所证实。[11] 他是一位谨慎的思想家，认识到为了改善世界，经济学家往往不得不无奈地接受次优解决方案和不精确的结论。用凯恩斯的话说，马歇尔建造的"不是一个具体真理的体系，而是一个发现具体真理的引擎"。简而言之，他是一位非常现代的经济学家。

注　释

引　言

1. 英格兰银行的"千禧年宏观经济数据"数据库是宝贵的资源，它包含了从工资、物价、GDP 增长、工会会员人数到农业生产等方方面面的信息。格罗宁根大学麦迪逊历史统计项目的成果也非常有用。
2. 在此引用中，休厄尔也引用了别人的话。
3. 的确，在阿奎那的时代，所谓的"集市"在西欧大量出现，商人们在那里交换来自世界各地的商品。但那些都是特殊的场合，而不是日常生活中的正常活动。
4. 历史学家们对为什么会发生这种情况意见不一。最简单的解释是大约 1500 年在"新世界"发现了银矿，贵金属被带回"旧世界"，并起到增加货币供应的作用。其他人则关注科学的进步和人口的增长等问题。然而，没有形成共识。
5. 19 世纪 70 年代，美国经济第一次超过了英国。
6. 值得一提的是，本书中几乎所有人都低估了在当今经济学家看来非常重要的问题，性别关系、企业为何成立的理论、公共财政只是其中三个例子。

1　让-巴蒂斯特·科尔贝

1. 这个词在《国富论》中出现了 25 次以上。
2. 这个令人愉快的细节是由默里·罗特巴德提供的。
3. 当然，科尔贝并不掌握整个 17 世纪的经济情况，只有公元 1600 年和公元 1700 年的数据。有人认为，科尔贝实际上避免了事情变得比实际情况更糟。伦敦经济学院的亨利·希格斯在 1897 年的一次演讲中指出，在路易十四时期，"国外代价昂贵的战争、国内的铺张浪费，使得他在 1715 年去世后，王国负债 34.6 亿法郎。其中，在 1683 年科尔贝去世之前，合同借债额为 33 亿多法郎"。
4. 笔者是根据布阿吉尔贝尔的《法国详情》(*Le Détail de la France*，1695) 计算出这一结论的。参见欧仁·戴尔（Eugène Daire）的《18 世纪的经济学家》(*Economists Financiers du 18e Siècle*, Paris: Chez Guillaumin et Cie., Libraries, 1851)。
5. 当然，尽管黄金和白银这两种金属都可以开采，从而增加它们的供应，但至少在短期内，它们的供应是固定的。
6. 非常感谢西蒙·考克斯（Simon Cox）提出这个论点。
7. 一些历史学家认为，"重金属主义者"的格言实际上是在重商主义者将其变成自己的格言之前已有数百年的历史了。然而，科尔曼指出，"贸易'平衡'的概念……可能源自意大利复式记账惯例的做法……标志着该主题在分析处理上的进步"。尽管科尔曼主要关注的是英国，但他关于重商主义思想的论文是解释重商主义思想为何出现的最好尝试。
8. 引自默里·罗斯巴德的《亚当·斯密之前的经济思想》(*Economic Thought Before Adam Smith*)。
9. 译自法文。
10. 重商主义"曾经是"什么这一问题是历史学家激烈辩论的主题。
11. 目前还不清楚伊莱·赫克舍在这里引用的是谁的话。
12. 来自笔者对凯恩斯措辞的改写。
13. 我们将在第 6 章看到大卫·休谟后来大力抨击了这个观点背后的经济理论。外国购买国内产品（出口）本身就是支出、需求和就业的来源。
14. 这句话引出了重商主义者一个更广泛的问题：谈到"贸易"时，他们并不总是指"对外贸易"，而是广义上的经济活动。

2 威廉·配第爵士

1. 霍布斯的著名作品《利维坦》(*Leviathan*)大部分是在巴黎创作的。
2. 亚当·福克斯称这些数字"可能太低了"。
3. 保罗·斯莱克指出，17 世纪 70 年代，除了猜测国家的应税能力外，辩论税收改革的国会议员什么也做不了。
4. 当然，通过这种计算，配第开始长期忽视那些通常由女性来做的工作，比如做饭、清洗、照料（家人）等等。
5. 尼古拉斯·罗杰（Nicholas Rodger）提出了一个令人信服的论点，即荷兰海军当时的成功很大程度上解释了为什么荷兰如此富有。然而，一旦荷兰海军在 18 世纪失去了统治地位，整个荷兰相对于其他欧洲国家就变得贫穷了。
6. 这些观点会让约翰·梅纳德·凯恩斯着迷；实际上，"劳动力疤痕"（labour scarring）的概念通常被认为是凯恩斯主义的观点。

3　伯纳德·曼德维尔

1. 这是凯恩斯在其著作中引用的一句话，但出处不明。

4　理查德·坎蒂隆

1. 特别感谢约翰·内格尔（John Nagle）的著作提供了这些生平资料。
2. 亨利·希格斯提出了这个观点。
3. 这个趣闻是在安托万·墨菲为理查德·坎蒂隆写的传记中发现的。
4. 并不是说坎蒂隆对配第很感兴趣。他提到他的"微不足道的手稿"，称其是"虚构的且与自然法则无关。"
5. 所有经济学概念似乎都源自威廉·配第爵士，他确实在 1662 年使用了"其他条件不变"这个术语。但与坎蒂隆不同的是，这个想法并没有进一步发展。
6. 笔者已纠正了这个句子中的一个拼写错误。

5　弗朗索瓦·魁奈

1. 其他重农主义者包括安妮·罗伯特·雅克·杜尔哥、让·克劳德·马里·文森特·古尔奈和皮埃尔·萨米埃尔·杜邦·德内穆尔。
2. 魁奈认为农业绝不依赖于其他部门，这当然是言过其实了。比如，工业部门制造农民使用的机器和工具。
3. 一些读者可能会对此感到困惑。重商主义不是把出口放在首位吗？在一定程度上是这样的，但有些重商主义者认为，从长远来看，阻止粮食出口会带来更有利的贸易平衡，因为这将有助于降低其他行业的成本。
4. 正如我们将在关于大卫·李嘉图的故事（见第 9 章）中看到的那样，其他经济学家根据政治目标塑造了自己的理论。
5. 伊斯特万·洪特（Istvan Hont）和迈克尔·伊格纳季耶夫（Michael Ignatieff）指的是一系列法令，它们允许任何人进行粮食贸易，并放开了粮食的进出口，以使其达到一定的价格水平。
6. 魁奈当时并不知道，随着1776年杜尔哥的下台，法国又回到了过去的保护主义道路上。
7. 历史学家争论的焦点是，这个《经济表》是否真的是重农学派的"发明"，还是理查德·坎蒂隆的功劳。归功于魁奈似乎是可靠的，因为他是用图表表达整个经济活动的第一人。
8. 据说另外三人是阿尔弗雷德·马歇尔、库尔诺和瓦尔拉。熊彼特在一次演讲中说过这句话，而且几乎肯定是，他是为了让他的学生感到惊讶。
9. 感谢弗雷德·戈特海尔（Fred Gottheil）在阐述这一段时的清晰解释。

6 大卫·休谟

1. 需要说明的是，哈耶克所指的并非"现代货币理论"，它通常简称为"MMT"。这是一种关于政府支出和税收的理论，自2008至2009年金融危机以来，该理论在许多左翼政治人士中颇受欢迎。
2. 截至2019年，英国的债务与GDP的比率约为85%。
3. 感谢罗伯特·麦吉提供了思路。
4. 请记住，在休谟的时代，货币可以兑换成黄金，而硬币是由贵金属制成的。直到20世纪30年代，人们还可以去英格兰银行用英镑兑换金条。从国外购买东西意味着把黄金送到国外。
5. 不过，水平面的比喻是休谟的："所有的水，无论流向哪里，始终保持一个水平。"

7 亚当·斯密

1. 有些人认为当时苏格兰实际上有五所大学。1860年，阿伯丁的马歇尔学院并入阿伯丁大学。1832年，英国有了它的第三所大学—杜伦大学。
2. 感谢艾伦·麦克法兰提供斯密对格拉斯哥的描述。
3. 然而，《绅士杂志》(Gentleman's Magazine)坚持认为，斯密的"古典学识……远远超出了苏格兰大学的通常水平"。
4. 这是经济思想史上一个长期存在的问题的本质，出于某种原因，这个问题一直困扰着德国历史学家，它被称为"亚当·斯密的问题"。它源于混乱的思维。有些人认为《道德情操论》中概述的人类行为模式与《国富论》对它的论述不相容。正如我们将要看到的，斯密实际上并不是前后矛盾的。

5. 引自加雷思·斯特德曼·琼斯。
6. 就这一信息，感谢加文·肯尼迪。
7. 加文·肯尼迪在这个问题上的研究尤其具有启发性。
8. 自由放任（laissez-faire）这个词语也没有出现在斯密已出版的著作中。
9. 当然，所有国家都有工资相对较高和较低的地区。某些障碍（如高房价）使工资率无法平衡。
10. 在当时的货币体系中，1 镑等于 20 先令。
11. 亚当·斯密说过："自然价格可以说是中心价格，所有商品的价格一直都在向这个中心价格倾斜。"约瑟夫·斯彭格勒认为斯密从理查德·坎蒂隆那里借鉴了这一理念。
12. 我们会看到，同样的问题激励了亚当·斯密。尽管水显然比钻石更有用，但钻石为何价值高，而水价值低，对于这一问题，斯密思考了很多。
13. 历史学家争论的是，亚当·斯密的劳动价值理论在多大程度上只适用于一个非常初级的经济体，比如，一个狩猎采集的社会。他说："如果在一个猎人的国度里，杀死一只海狸的劳动成本通常是杀死一只鹿的劳动成本的两倍，那么一只海狸自然应该可以换取或抵得上两只鹿。"然而，在一个"商业社会"，他认为包括租金和资本在内的其他生产要素也必须得到补偿（也就是说，不仅仅是劳动力）。
14. 马克思主义的观点：如果你相信劳动力是经济价值的唯一创造者，那么，如果资本家以利润的形式为自己获取了任何价值，剥削就会发生。
15. 1870 年很重要。正是在这一年，与杰文斯等人的著作相关的边际理论在经济辩论中占据了中心位置。即使在今天，经济学家仍然是"边际主义者"。
16. 乍看之下，这似乎与劳动价值论相矛盾。然而，这一理论的支持者提出了一个重要的条件：只有"社会必要的"或"正常的"劳动才"算"劳动。哲学家杰拉尔德·艾伦·科恩（G. A. Cohen）就马克思的劳动价值论说道："工人只有在其劳动是社会必要的时，才创造价值。"亚当·斯密可能也有类似的想法。
17. 特伦斯·哈奇森只是指出这一点的一位学者。
18. 同样值得记住的是，18 世纪的学者远没有今天的学者那么勤奋地引用他们的资料。那时剽窃还不算"事儿"。
19. 为什么是"费用的 30 倍"？我们只能假设这是一种比较夸张的说法，而不是字面意思。
20. 此处，我们根据 Google 数据，按出版年份计算了提及"亚当·斯密"和

"威廉·配第"的书籍数量。
21. 马丁认为，棉花进口为用于其他经济领域的更为有利的资源释放了空间。
22. 萨利姆·拉希德此话稍有保留。他说塔克和德克尔"并不是完全的自由贸易主义者，因为他们准备让英国理应拥有垄断地位的新兴产业或商品（如羊毛）不受保护"。
23. 感谢加文·肯尼迪简洁的总结。

8 尼古拉·孔多塞

1. 感谢《经济学人》的西蒙·考克斯提供这一见解。
2. 感谢艾玛·罗斯柴尔德的这一见解。
3. 穆勒是孔多塞忠实的崇拜者，每当情绪低落时，他就会读孔多塞的著作。
4. 为什么孔多塞只提到"谷物"？其实他指的是"面包"，而不是作为整体的食物。戴维·威廉姆斯认为孔多塞"遵循了18世纪大多数食物政治经济学作家普遍强调面包的模式。面包是穷人的主食，其日常供应对他们的生存至关重要，而向巴黎精英提供的奢侈品不是必需的。"
5. 我在为《苏格兰政治经济学杂志》（*Scottish Journal of Political Economy*）撰写的一篇论文中更详细地探讨了这些主题。
6. 罗斯柴尔德详细介绍了已实施了哪些政策。
7. 这听起来与达达拜·瑙罗吉对饥荒的理解非常相似，它以最复杂的形式出现在阿马蒂亚·森的著作中。

9 大卫·李嘉图

1. 这听起来太荒谬了，你可能怀疑笔者是否曲解了李嘉图的立场。不是的。1875年，李嘉图的信徒约翰·埃利奥特·凯恩斯讨论了既有的证据是否与马尔萨斯的人口理论相抵触（肯定是矛盾的）。他说："这与生活水平实际上应该比人口增长要快得多的原则并不矛盾。"换句话说，无论现实告诉你的是什么，该理论仍然是正确的。
2. 我们将要看到威廉·斯坦利·杰文斯采取了完全相反的方法。
3. 帕特里克·奥布莱恩认为工资基金理论在短期内适用，而生存"铁律"理论在长期内适用。
4. 实际上，詹姆斯·安德森（James Anderson）在《谷物法本质的探究》（*Enquiry into the Nature of the Corn Laws*，1777）中提出了"李嘉图的"地

租理论背后的思想。不知道李嘉图是否读过这本书。谁知道为什么安德森今天不那么出名？

5. 每个人对此都感到困惑。刚才不是说工资不能涨吗？问题是生活费用上涨了。所以，付给工人的钱增加了，但实际上买的东西并没有变多。
6. 在这一段中，我借鉴了罗伯特·海尔布隆纳对李嘉图理论的总结。
7. 斯密确实担心人口增长会抵消生活水平的提高，但至少我们可以说他没有李嘉图那么悲观。
8. 谢里尔·舍恩哈特-贝利（Cheryl Schonhardt-Bailey）的《从谷物法到自由贸易：历史视角下的利益、思想和制度》（*From the Corn Laws to Free Trade: Interets, Ideas and Institutions in Historions Perspective*）是对《谷物法》极好的介绍。
9. 唐纳德·温奇写道，卡尔·马克思认为马尔萨斯是"地主阶级雇佣的走狗"。
10. 道格拉斯·欧文（Douglas Irwin）指出，农业保护主义者利用李嘉图自己的理论来反对他。欧文认为："如果说政治经济学家的维持生活的最低工资理论有什么不同的话，那就是从自由贸易者的军械库中删除了《谷物法》损害实际工资的有力论点，废除《谷物法》将使劳动阶级受益。"
11. 围绕政治经济学对废除《谷物法》的决定究竟有多大影响的问题，曾发生过长期的辩论。
12. 与李嘉图同时代的人会发现，奇怪的是，他的例子假设葡萄牙在生产方面通常比英国更有效率。当时，葡萄牙人平均拥有的财富只有英国人的一半左右。
13. 丹尼尔·伯恩霍芬和约翰·布朗关于李嘉图比较优势的讨论特别有用。
14. 正如阿尔弗雷德·马歇尔所指出的那样，德国社会主义者尤其对李嘉图的工资"铁律"感兴趣。根据马歇尔的观点，这些理论家"认为这一定律现在甚至在西方世界仍发挥着作用；只要组织生产的方法仍然是'资本主义的'，这种情况就会继续存在。"
15. 按照沃伦·本杰明·卡特林（Warren Benjamin Catlin）的说法，汤普森确实接受了"应该有一个取代资本的基金，以及相当于用于监管的工资"。但汤普森也相信合作社。在合作社制度下，工人将拥有与之合作的资本，而不是为别人的资本工作。因此，生产过程中创造的所有价值最终都归于工人，而这里说的工人既是劳动者也是所有者。

10 让-巴蒂斯特·萨伊

1. 这是依据肯尼思·罗戈夫（Kenneth Rogoff）和卡梅尔·莱因哈特（Carmen Reinhart）的数据库估计的。
2. 感谢威廉·鲍莫尔的研究提供了这一生平资料。
3. 遗憾的是，他跟大卫·休谟没有亲戚关系。
4. 正如约瑟夫·熊彼特所指出的，1818 年，美国哥伦比亚大学设立了道德哲学和政治经济学教授职位。
5. 法国的数字是从不同来源汇编的估计数值，可能会影响可比性。
6. 西蒙德·西斯蒙第曾在 1817、1819 和 1824 年带着类似的目的访问英国。萨伊的儿子霍拉斯（Horace）于 1828 年来到这里。
7. 萨伊最珍贵的财产之一是《国富论》第五版注释本。
8. 感谢埃弗特·斯霍尔，他的研究让我有了这样的见解。
9. 感谢西蒙·考克斯简明扼要地阐述了这一点。
10. 事实上，萨伊似乎更喜欢人们存钱，因为降低利率有助于刺激投资支出，从而增加供给。

11 托马斯·罗伯特·马尔萨斯

1. 感谢罗伯特·多尔夫曼的洞察。
2. 以最简单的方式表达，我们看到的是功利主义伦理学和义务论伦理学的对立，前者以穆勒、杰文斯等人为代表，后者以马尔萨斯、康德、孔多塞等人为代表。本质上，这种划分涉及的是什么能产生最好的结果，以及什么是本质上更好的行为。
3. 马尔萨斯似乎接受了这样一种观点：如果男人想要克制住和妻子生很多孩子的冲动，那就必须嫖娼。马尔萨斯说："尽管并非绝对如此，但这种约束几乎必然会产生恶习"，包括但不限于"滥交、非自然的情欲（表现）、出轨和掩盖不正常关系所致后果的不当行径。"
4. 至于西尼尔自己是否相信这一点，或者他只是在描述"政治经济学家"的观点，目前还不清楚。从为剩余人口解决食物问题这个意义上讲，西尼尔也可能认可有"好处"。
5. 乔治·博耶对旧济贫法的分析特别有趣。
6. "逐步废除"是詹森的说法。
7. 城市里不断上升的死亡率可能是原因之一。

8. 马尔萨斯在第一版中提到这个概念，但有点儿转弯抹角。
9. 和亚当·斯密一样，马尔萨斯称赞苏格兰的"小学校"运动。
10. 该判断是通过谷歌图书（Google Books）搜索的数据分析得出的。

12 西蒙·西斯蒙第

1. 事实上，亨里克·格罗斯曼称，西斯蒙第早在19世纪60年代就鲜为人知了。
2. 感谢赫尔穆特·帕佩提供这些生平细节。
3. 马克思后来说："李嘉图认为资本主义的劳动是社会劳动永恒而自然的形式。"

13 约翰·斯图尔特·穆勒

1. 参见《经济学人》2018年发表的有关穆勒的简介，它既参考了亚当斯的说法，也分析了穆勒早期对边沁主义的支持。在此我表示感谢。
2. 感谢《经济学人》，其最近对穆勒的简介提供了这些细节。
3. 哈丽雅特后来写了有关"四分之三成年男人"嫖妓的文章。历史学家乔·埃伦·雅各布斯（Jo Ellen Jacobs）认为，约翰·泰勒对自己所作所为的愧疚或许可以解释为什么尽管与哈丽雅特分居20年，他还是决定将自己的全部财产留给她。
4. 感谢《经济学人》对穆勒思想的分析。
5. 为了允许思想的自由交流，穆勒提出了著名的"伤害原则"，并在他最知名的著作《论自由》中进行了概述。"伤害原则"指除非阻止某人伤害他人，否则，社会无权干涉他人。对言论自由应该几乎没有限制（煽动暴力显然是个例外）。

14 哈丽雅特·马蒂诺

1. 感谢马蒂诺协会提供马蒂诺的生平资料。
2. 历史上不无巧合的是，安·兰德的家族财产也曾丧失殆尽。
3. 感谢玛格丽特·奥唐奈的著作对《金砂糖》的深刻理解。
4. 伊莱恩·弗里德古德的著作帮助笔者了解了《表兄马歇尔》。

15 威廉·斯坦利·杰文斯

1. 谁是第一个提出用"经济学"代替"政治经济学"的人？这个问题尚无定

论。亨利·邓宁·麦克劳德（H. D. Macleod）在1878年出版的《经济学入门》（*Economics for Beginners*）中用过这个术语。韦氏词典发现这个词的第一次使用是在18世纪末。笔者没有发现"政治经济学"和"经济学"在方法论和内容上有多少明显的区别。人们常说，政治经济学比枯燥的旧经济学具有更多的社会学和历史要素。两位典型的政治经济学家李嘉图和萨伊的例子则削弱了这一观点。在笔者看来，政治经济学和经济学之间最明显的区别在于对数学的运用。杰文斯强烈支持将数学系统地纳入经济探究。（请注意，今天的"政治经济"一词往往指的是带有一些政治色彩的经济分析，或者是一种较为"左倾"的经济分析。只有经济学家才真正使用这个术语。）

2. 正如托尼·里格利指出（以及第9章的讨论）的那样，这是政治经济学家对能源经济学认识不佳的又一个例子。

3. 有点奇怪的是，杰文斯如此强烈地反对"政治经济学"，却继续使用"政治经济学"，而不是"经济学"这一术语。不过，在1879年的版本中，他确实全文做了替换（标题除外）。

4. 坎蒂隆似乎是杰文斯表示过敬意的少数几个人之一。正如杰文斯所言，坎蒂隆"杰出的"论文是"政治经济学的摇篮"。也许杰文斯是被坎蒂隆有点儿抽象和冷静的风格所吸引的，是他第一次使用了"其他条件不变"这样的概念。

5. 你可能会想，威廉·配第爵士的"政治算术"不就是数学吗？但这更多的是量化，而不是用数学来回答问题。魁奈的《经济表》呢？罗斯·罗伯逊（Ross Robertson）认为，"尽管《经济表》可以很好地转化为代数，但重农主义者没有这么做"。

6. 在这句引语中，笔者纠正了一个小的拼写错误。

7. 大卫·李嘉图也许是个例外。对于他所争论的事情，你既看不到数学模型，也得不到图解说明；相反，你会得到很多数值示例，几乎都是代数的。保罗·克鲁格曼表示，比较优势是"本质上以数学模型为基础（的思想），这些简单的模型不需要实际写下任何方程就可以表述出来，但数学模型仍然需要方程"。

8. 回想一下亚当·斯密一章中哈奇森、普芬多夫和斯密关于经济价值的讨论。

9. 威克斯第德简洁地总结了其批判的核心，他说："当我们抛开可交换商品的差异性（使用价值），转向它们的共同点（交换价值）时，我们理应不考虑它们的效用，只留下抽象劳动的结晶，马克思的这个说法是错误的。我们真正需要做的是抛开它们不同的、具体而特定的、质的效用，只留下它们共同的抽象和一般的量的效用。"
10. 马克思未能与边际主义者接触，一个比较厚道的解释是，他在边际主义被经济学主流接受之前就去世了（1883年）。也许是的。当然，衡量"接受度"相当困难。但杰文斯的思想似乎在1871年他的宣言发表后很快就产生了巨大的影响。如果马克思对经济学的发展给予足够的关注，他就有可能参与其中。此外，在19世纪初，许多经济学家一直在用准边际主义的概念攻击劳动价值论，以此作为攻击与李嘉图有关的社会主义者的一种方式。马克思真的对此一无所知吗？加雷思·斯特德曼·琼斯称马克思"倨傲于政治经济学的发展"。尽管《政治经济学原理》无疑是当时最重要的经济学著作，但马克思在他的著作中几乎没有提到穆勒。
11. 碰巧的是，他也不是特别优秀的数学家。

16 达达拜·瑙罗吉

1. 这个"第一"是历史学家普遍认同的。1841年，有印第安和欧洲血统的戴维·奥克特洛尼·戴斯·松布雷（David Ochterlony Dyce Sombre）当选萨福克郡（Suffolk）萨德伯里（Sudbury）的国会议员。然而，1842年，由于竞选期间的分歧，他失去了自己的席位。
2. 从气候方面解释，可能会认为，印度之所以贫穷，是因为炎热的气候使其居民变得懒惰。以马尔萨斯的观点来解释，印度之所以贫穷，是因为它的人口增长过快。
3. 不过，如我们将在后文看到的，情况后来发生了改变。
4. 有趣的是，在提出这一理论的过程中，瑙罗吉着手进行了一个会让威廉·配第爵士感到自豪的统计项目。1867年，他成为估算印度GDP的第一人。感谢梅格纳德·德赛的见解，他认为可以把流失的资金用于投资。
5. 德赛感叹"民族主义者的逻辑，该逻辑认为，所有的对外贸易都是资源的'流失'，而不仅仅是传统的本地费用的流失。"独立后，印度采取了自给自足的经济管理方式。
6. 卡洛·克里斯蒂亚诺（Carlo Cristiano）表示："无法确定凯恩斯是否与……瑙罗吉这样的作家相识。"
7. 感谢卡洛·克里斯蒂亚诺这句有用的短语。
8. 在最近出版的《不光彩的帝国：英国对印度做了什么》（*Inglorious Empire: What the British Did to India*）一书中，作者引用了马克思主义经济学家保罗·巴兰（Paul Baran）的话，称印度每年的资金流失约占GDP的8%。

几乎可以肯定,高估了。
9. 戴维·克林斯密(David Clingingsmith)的学术著作对此助益颇多。

17 罗莎·卢森堡

1. 非常感谢斯蒂芬·鲁西斯提供卢森堡的生平信息。
2. 关于图甘-巴拉诺夫斯基是否是马克思主义者,历史上一直存在争议。列宁认为他不是,称他为"自由主义教授图甘-巴拉诺夫斯基先生"和"憎恶马克思主义的人"。可以确定的是,继斯威齐之后,图甘-巴拉诺夫斯基的思想成为了马克思主义传统的一部分。
3. 感谢鲁西斯提供了这个观察事物的有用方法。

18 阿尔弗雷德·马歇尔

1. 正如乔治·博耶的研究表明的那样,在之前的几个世纪里,这种观点更站得住脚。
2. 1926 年,英国"大罢工"达到高潮,经济动荡。此时,马歇尔已经去世了。
3. 马歇尔当然不是用图表来阐释经济数据的第一人。该荣誉可能属于威廉·普莱费尔(William Playfair, 1759—1823)。
4. 国际货币基金组织称回归是一种统计技术,它有助于确定"两个或多个变量之间的相关性是否代表因果关系"。"回归的最初概念可以追溯到 19 世纪,但实际上是 20 世纪的技术革命,使台式电脑成为主流,从而将回归分析推上了顶峰。20 世纪 50 年代和 60 年代,经济学家不得不用机电式台式计算器计算回归。即使到了较近的 1970 年,从中央计算机实验室收到一次回归的结果可能需要 24 小时。"
5. 马歇尔希望执行统计计算,但由于可用的数据和计算能力而受阻。他在 1897 年说道:"如果在过去的 50 年里,蒸汽机和铁的制造没有改进,英国人工资的购买力会比现在小得多——我不知道小多少,但我猜会小 30% 或 40%。"(他特别强调。)
6. 对于这一见解,我要感谢杰弗里·霍奇森(Geoffrey Hodgson)的研究。
7. 凯恩斯称李嘉图为"抽象的先验理论家"。
8. 从某种意义上说,马歇尔让我们回到了古典经济学家(如斯密)的立场。尽管斯密是一位很有学问的数学家,但他并没有试图将经济学和数学结合起来,原因与马歇尔的非常相似。

9. 在对杰文斯的《政治经济学理论》的评论中,马歇尔指出:"如果省略数学,保留图表,这本书将会得到改进。"
10. 约瑟夫·熊彼特认为马歇尔"掺杂了边沁主义的维多利亚中期道德的说教……令人恼火"。
11. 即使在今天,经济学家们仍在激烈地争论着一些理论,而这些理论在外人看来早就被解决了。例如,对围绕最低工资在多大程度上导致失业这一问题,目前还没有共识。研究人员在房价变化最重要的决定因素这一问题上也存在根本分歧。

致　谢

若没有埃德·莱克（Ed Lake）、丹尼尔·富兰克林（Daniel Franklin）和安德鲁·富兰克林（Andrew Franklin），也不会有这本书，他们都鼓励我坐下来写书，并建议是一本有关经济思想史的书。非常感谢《经济学人》的赞尼·明顿·贝多斯（Zanny Minton Beddoes）、埃德·卡尔（Ed Carr）和汤姆·温赖特（Tom Wainwright），他们给了我很长时间的假期，我才得以动笔，也非常感谢汤姆·斯坦达奇（Tom Standage）对本书出版的指导。

埃德·莱克自始至终都是一位出色的编辑。菲奥娜·斯克林（Fiona Screen）是一位文字编辑高手。妮莎·拉奥（Neesha Rao）把她那本带有大量注释的《国富论》借给我用。基珀·威廉姆斯（Kipper Williams）、帕梅拉·霍姆斯（Pamela Holmes）和迪伦·威廉斯（Dylan Williams）不断提出自己的想法和见解，非常有用。约翰尼斯·杰克尔（Johannes Jaeckle）读了本书早期的草稿，其评价非常有用。我还要感谢西蒙·考克斯，他读了本书的初稿，基于他的评价，书稿得到了极大的改进。

我要感谢我的几位大学老师，他们是哈罗德·卡特（Harold Carter）、大卫·纳利（David Nally）、菲利普·豪厄尔（Philip Howell）、伊万·斯卡尔斯（Ivan Scales）、艾玛·罗斯柴尔德、阿玛蒂亚·森、凯文·奥洛克和迈克尔·桑德尔。

在本书的整个写作过程中,莎丽妮·拉奥(Shalini Rao)一直给予我关爱和支持。谨以此书献给她。

参考文献

Allen, Robert C. "Engels' Pause: Technical Change, Capital Accumulation, and Inequality in the British Industrial Revolution". *Explorations in Economic History* 46, no.4 (2009): 418–435.

Alvarez, Edward, Dan Bogart, Max satchell, Leigh Shaw-Taylor, and Xuesheng You. "Railways and Growth: Evidence from Nineteenth-century England and Wales". Cambridge University. https://www.geog.cam.ac.uk/research/projects/transport/railwaysoccupations_ jan 202017. pdf

Ames, Glenn Joseph. "Colbert's Indian Ocean Strategy of 1664–1674: A Reappraisal". *French Historical Studies* 16, no.3 (1990): 536–559.

Ashley, W. J. "John Stuart Mill on the Stationary State". *Population and Development Review* 12, no. 2 (Jun 1986), 317–322.

Aspromourgos, Tony. *The Science of Wealth: Adam Smith and the framing of political economy*. Routledge, 2008.

Barnard, Toby Christopher. "Sir William Petty as Kerry Ironmaster". *Proceedings of the Royal Irish Academy. SectionC: Archaeology, Celtic Studies, History, Linguistics, Literature* (1982): 1–32.

Baumol, William J. "Retrospectives: say's Law". *Journal of Economic Perspectives* 13, no. 1 (1999): 195–204.

Bayly, Christopher Alan. 2011. *Recovering Liberties: Indian Thought in the Age of Liberalism and Empire*. Cambridge: Cambridge university Press.

Bederman, Gail. "Sex, Scandal, Satire, and Population in 1798: Revisiting Malthus's First Essay". *Journal of British Studies* 47, no. 4 (2008): 768–795.

Bernhofen, Daniel m., and John C. Brown. "Retrospectives: on the

Genius Behind David Ricardo's 1817 Formulation of Comparative Advantage". *Journal of Economic Perspectives* 32, no. 4 (2018): 227–240.

Blaug, Mark. "No History of Ideas, Please, We're Economists". *Journal of Economic Perspectives* 15, no. 1 (2001): 145–164.

Blaug, Mark. "Say's Law of Markets: What Did it mean and Why Should We Care?" *Eastern Economic Journal* 23, no. 2 (1997): 231–235.

Boyer, George R. "Malthus Was Right After All: Poor Relief and Birth Rates in Southeastern England". *Journal of Political Economy* 97, no. 1 (1989): 93–114.

Bradley, Michael E. "Rosa Luxemburg's Theory of the Growth of the Capitalist Economy". *Social Science Quarterly* 52, no. 2 (1971): 318–330.

Bragues, George. "Business is one Thing, Ethics is another: Revisiting Bernard Mandeville's The Fable of the Bees". *Business Ethics Quarterly* 15, no. 2 (2005): 179–203.

Breit, William. "The Wages Fund Controversy Revisited". *Canadian Journal of Economics and Political Science/Revue canadienne de economiques et science politique* 33, no. 4 (1967): 509–528.

Carver, Terrell. 2003. *Engels: A Very Short Introduction*. Oxford: Oxford university Press.

Chalk, Alfred F. "Mandeville's Fable of the Bees: A Reappraisal". *Southern Economic Journal* (1966): 1–16.

Clark, Brett, and John Bellamy Foster. "William Stanley Jevons and the Coal Question: An Introduction to Jevons's 'Of the Economy of Fuel'". *Organization & Environment* 14, no. 1 (2001): 93–98.

Clavin, Keith. "'The True Logic of then Future': Images of Prediction from the Marginal Revolution". *Victorian Review* 40, no. 2 (2014): 91–108.

Clingingsmith, David, and Jeffrey G. Williamson. "Deindustrialization in 18th and 19th century India: Mughal Decline, Climate Shocks and British Industrial Ascent." *Explorations in Economic History* 45, no. 3 (2008): 209–234.

Cole, Charles Woolsey. 1940. *Colbert and a Century of French Mercantilism*. New York: Columbia University Press.

Coleman, David. "Economic Problems and Policies". in F. L. Carsten ed., *The New Cambridge Modern History: Volume 5, The Ascendancy of France,*

1648–88. No. 5. CUP archive, 1961.

Coleman, Donald C. "Mercantilism Revisited". *The Historical Journal* 23, no. 4 (1980): 773–791.

Costinot, Arnaud, and Dave Donaldson. "Ricardo's Theory of Comparative Advantage: Old Idea, New Evidence". *American Economic Review* 102, no. 3 (2012): 453–458.

Cristiano, Carlo. "Keynes and India, 1909–1913: AStudy on Foreign Investment Policy." *The European Journal of the History of Economic Thought* 16, no. 2 (2009): 301–324.

Crowston, Clare Haru. "Mercantilism, Corporate Organization and the Guilds in the Later Reign of Louis XIV". in J. Prest and G. Rowlands, eds., *The Third Reign of Louis XIV, c. 1682–1715*, pp. 120–135. london: Routledge, 2016.

Desai, Meghnad. First PR Brahmananda Memorial Lecture, 2004, https:// rbidocs. rbi. org. in/rdocs/speeches/PDFs/57121. pdf

Dorfman, Robert. "Thomas Robert Malthus and David Ricardo". *Journal of Economic Perspectives* 3, no. 3 (1989): 153–164.

Douglas, Paul H. "Smith's Theory of Value and Distribution". *University Journal of Business* (1927): 53–87.

Douglass, Robin. "Mandeville on the Origins of Virtue". *British Journal for the History of Philosophy* (2019), https://www.tandfonline.com/doi/full/10.1080/09608788.2019.1618790.

Ekelund, Robert B. "A Short-Run Classical Model of Capital and Wages: Mill's Recantation of the Wages Fund". *Oxford Economic Papers* 28, no. 1 (1976): 66–85.

Ekelund, Robert B., and William F. Kordsmeier. "J. S. Mill, Unions, and the Wages Fund Recantation: AReinterpretation–Comment". *The Quarterly Journal of Economics* 96, no. 3 (1981): 531–541.

Ekelund, Robert B., and Douglas M. Walker. "J. S. Mill on the Income Tax Exemption and inheritance Taxes: The Evidence Reconsidered". *History of Political Economy* 28, no. 4 (1996): 559–581.

Elmslie, Bruce. "Publick Stews and the Genesis of Public Economics". *Oxford Economic Papers* 68, no. 1 (2015): 1–15.

Eltis, WalterA. "Francois Quesnay: a Reinterpretation 1.The Tableau Economique". *Oxford Economic Papers* 27, no. 2 (1975): 167–200.

Englander, David. 2013. *Poverty and Poor Law Reform in Nineteenth-*

Century Britain, 1834–1914: From Chadwick to Booth. London: Routledge.

Findlay, Ronald. "Comparative Advantage". in *The New Palgrave Dictionary of Economics: Volume 1–8* (2008): 924–929. london: Palgrave macmillan.

Fleischacker, Samuel. "Adam Smith's Moral and Political Philosophy". *Stanford Encyclopedia of Philosophy*. 2017, https://plato.stanford.edu/ entries/smith-moral-political/

Fletcher, Max E. "Harriet martineau and Ayn Rand: Economics in the Guise of Fiction". *The American Journal of Economics and Sociology* 33, no. 4 (1974): 367–379.

Forget, Evelyn L. "Jane Marcet as Knowledge Broker". *History of Economics Review* 65, no. 1 (2016): 15–26.

Forget, Evelyn L. "J.-B. Say and Adam Smith: An Essay in the Transmission of Ideas". *Canadian Journal of Economics* 26, no. 1 (1993): 121–133.

Formaini, Robert L. "Economic Insight". *Federal Reserve Bank of Dallas* 10, no. 1 (2002).

Foster, John Bellamy. *Ecology against Capitalism*. NYU Press, 2002.

Foucault, Michel, Arnold i. Davidson, and Graham Burchell. 2008. *The Birth of Biopolitics: Lectures at the Collège de France, 1978–1979*. springer.

Foucault, Michel. 2007. *Security, Territory, Population: Lectures at the Collège de France, 1977–1978*. Springer.

Fox, Adam. "Sir William Petty, Ireland, and the Making of a Political Economist, 1653–87l". *The Economic History Review* 62, no. 2 (2009): 388–404.

Freedgood, Elaine. "Banishing Panic: Harriet Martineau and the Popularization of Political Economy". *Victorian Studies* 39, no. 1 (1995): 33–53.

Friedman, Milton "25 Years After the Rediscovery of Money: What Have We Learned?: Discussion". *American Economic Review* 65, no. 2, (may1975).

Ganguli, Birendranath. 1965. *Dadabhai Naoroji and the Drain Theory*. asia Publishing House.

Goldin, Ian. "Comparative advantage: Theory and Application to Developing Country agriculture". *OECD Development Centre: Working Paper* 16 (1990).

Gottheil, Fred M. "The Underdressed Manufacturers in Quesnay's Tableau: And What Economists Are saying About It." *American*

Journal of Economics and Sociology 34, no. 2 (1975): 155–160.

Grampp, William D. "The Liberal Elements in English Mercantilism". *The Quarterly Journal of Economics* 66, no. 4 (1952): 465–501.

Grassby, Richard. "The Rate of Profit in Seventeenth-Century England". *The English Historical Review* 84, no. 333 (1969): 721–751.

Gray, John. "John Stuart Mill on Liberty, Utility, and Rights". *Nomos* 23 (1981): 80–116.

Grossmann, Henryk. 1992. *The Law of Accumulation and Breakdown of the Capitalist System*. london: Pluto Press.

Hamlin, John. "Harriet Martineau: Morals and manners." n.d., http://www.d.umn.edu/cla/faculty/jhamlin/4111/Martineau/Martineau.pdf

Harris, John. 1992. *Essays in Industry and Technology in the Eighteenth Century: England and France*. Farnham: variorum.

Hayek, Friedrich August. 2018. *New Studies in Philosophy, Politics, Economics, and the History of Ideas*. Chicago: University of Chicago Press.

Hayek, Friedrich August. 2005. *The Trend of Economic Thinking: Essayson Political Economists and Economic History*. London: Routledge.

Heilbroner, Robert l. 2011[1953]. *The Worldly Philosophers: The Lives, Times and Ideas of the Great Economic Thinkers*. simon and schuster.

Heinrich, Michael. "Engels' Edition of the Third Volume of 'Capital' and Marx's original manuscript". *Science & Society* (1996): 452–466.

Henderson, Willie. "Jane Marcet's Conversations on Political Economy: a New Interpretation". *History of Education* 23, no. 4 (1994): 423–437.

Henry, John F. "Precursors of Keynes: Marx, Veblen, and Sismondi". n. d., https://pdfs.semanticscholar.org/25f3/72a3bba5e9b2c03df148c66a67ff42fecf5e.pdf

Higgs, Henry. "Richard Cantillon". *The Economic Journal* 1, no. 2 (1891): 262–291.

Higgs, Henry. "Cantillon's Place in Economics". *The Quarterly Journal of Economics* 6, n0.4 (1892): 436.

Higgs, Henry. 1897. *The Physiocrats: Six Lectures on the French Économistes of the 18th Century*. London: Macmillan and Company.

Hill, michael R. "Harriet martineau (1802–1876)". (1991), https://digitalcommons.unl.edu/cgi/viewcontent.cgi?referer=https://www.google.com/&httpsredir=1&article=1397&context=sociologyfacpub

Hodgson, Geoffrey M. "TheMecca of Alfred Marshall." *TheEconomic Journal* 103, no. 417 (1993): 406–415.

Horne, Thtomas A. "Envy and Commercial Society: Mandeville and Smith on 'Privatevices, Public Benefits'". *Political Theory* 9, no. 4 (1981): 551–569.

Hovet Jr, Ted. "Harriet Martineau's Exceptional American Narratives: Harriet Beecher Stowe, John Brown, andthe 'Redemption of Your National soul'". *American Studies* 48, no. 1 (2007): 63–76.

Howard, M. C., and J. E. King. "Capital Accumulation, Imperialism and War: Rosa Luxemburg and Otto Bauer". In M. C. Howard and J. E. King, eds., *A History of Marxian Economics*, pp. 106–126. london: Palgrave, 1989.

Hull, Charles H. "Petty's Place in the History of Economic fteory." *The Quarterly Journal of Economics* 14, no. 3 (1900): 307–340.

Humphrey, Thonaas M. "Marshallian Cross Diagrams and Their Uses before Alfred Marshall: The Origins of Supply and Demand Geometry". *Alfred Marshall: Critical Assessments. Second Series.* New York: Routledge (1996).

Hunt, Tristram. 2009. *Marx's General: The Revolutionary Life of Friedrich Engels*. London: Macmillan.

Hutchison, Terence W. "Friedrich Engels and marxist Economic fteory". *Journal of Political Economy* 86, no. 2, Part 1 (1978): 303–319.

Hutchison, Terence W. "The 'Marginal Revolution' Decline and Fall of English Political Economy". *History of Political Economy* 4, no. 2 (1972): 442–468.

Jacobs, Nicholas. "The German Social Democratic Party School in Berlin, 1906–1914." *History Workshop*, pp. 179–187. Editorial Collective, History Workshop, Ruskin College, 1978.

Jacobs, Jo Ellen. 2002. *The Voice of Harriet Taylor Mill*. Bloomington: Indiana university Press.

Jensen, Hans E. "The Development of T. R. Malthus's Institutionalist Approach to the Cure of Poverty: From Punishment of the Poor to Investment in Their Human Capital". *Review of Social Economy* 57, no. 4 (1999): 450–465.

Kates, Steven. "Crucial Influences on Keynes's Understanding of say's Law". *History of Economics Review* 23, no. 1 (1995): 74–82.

Kauder, Emil. 2015. *History of Marginal Utility Theory*. Princeton: Princeton university Press.

Keynes, John Maynard. 1936. *The General Theory of Employment, Interest, and Money*. london: macmillan.

Lachmann, Ludwig. "An Austrian Stocktaking: Unsettled Questions and Tentative Answers". *New Directions in Austrian Economics* (1978): 1–18.

Lackman, Conway L. "The Classical Base of modem Rent fteory". *American Journal of Economics and Sociology* 35, no. 3 (1976): 287–300.

Letwin, William. 1963. *The Origins of Scientific Economics*. London: Methuen.

Lewis, Gwynne. "J.-B. say. An Economist in Troubled Times". *The English Historical Review* 114, no. 455 (1999): 218–219.

Lucas Jr, Robert E. "monetary Neutrality". *Prize Lecture* (1995): 246–265.

Macfarlane, Alan. "The Making of the Modern World". in A. Macfarlane, ed., *The Making of the Modern World*, pp. 249–272. London: Palgrave Macmillan, 2002.

Maddison, Angus. 1971. *Class Structure and Economic Growth: India & Pakistan since the Moghuls*. W. W. Norton.

Maneschi, Andrea. "How Would David Ricardo have Taught the Principle of Comparative Advantage?" *Southern Economic Journal* (2008): 1167–1176.

Marcus, Steven. 2017. *Engels, Manchester, and the Working Class*. London: Routledge.

McGee, Robert W. "The Economic Thought of David Hume". *Hume Studies* 15, no. 1 (1989): 184–204.

Miller, Dale E. "Harriet Taylor Mill". *The Stanford Encyclopedia of Philosophy*, (2019), https://plato.stanford.edu/entries/harriet-mill/

Mokyr, Joel. 2016. *A Culture of Growth: The Origins of the Modern Economy*. Princeton: Princeton University Press.

Muller, A. L. "Quesnay's fteory of Growth: A Comment". *Oxford EconomicPapers* 30, no. 1 (1978): 150–156.

Murphy, Antoin E. 1986. *Richard Cantillon: Entrepreneur and Economist*. Oxford: Oxford University Press.

Nacol, Emily C. "The Beehive and the Stew: Prostitution and the Politics of Risk in Bernard Mandeville's Political Thought". *Polity* 47, no. 1 (2015): 61–83.

Nagle, John C. "Richard Cantillon of Ballyheigue: His Place in the History of Economics". *Studies: An Irish Quarterly Review* 21, no. 81 (1932): 105–122.

Neill, Thomas P. "The Physiocrats' Concept of Economics". *The Quarterly Journal of Economics* 63, no. 4 (1949): 532–553.

Neill, Thomas P. "Quesnay and Physiocracy". *Journal of the History of Ideas* 9, no. 2 (1948): 153–173.

Nieli, Russell. "Commercial Society and Christian Virtue: The Mandeville-Law Dispute". *The Review of Politics* 51, no. 4 (1989): 581–610.

O'Brien, Denis Patrick. 1975. *The Classical Economists*. Clarendon Press.

O'Brien, Patrick K. "The Political Economy of British Taxation, 1660–1815". *Economic History Review* 41, no. 1 (1988): 1–32.

O'Donnell, Margaret G. "Harriet Martineau: a Popular Early Economics Educator." *The Journal of Economic Education* 14, no. 4 (1983): 59–64.

Oldstone-Moore, Christopher. "The Beard Movement in Victorian Britain." *Victorian Studies* 48, no. 1 (2005): 7–34.

O'Rourke, Kevin H., and Jeffrey G. Williamson. "When Did Globalisation Begin?". *European Review of EconomicHistory* 6, no. 1 (2002): 23–50.

Pappé, Helmut Otto. "Sismondi's System of Liberty". *Journal of the History of Ideas* 40, no. 2 (1979): 251–266.

Patnaik, Prabhat. "Karl marx and Bourgeois Economics". *Social Scientist* 12, no. 6 (1984): 3–22.

Paul, Ellen Frankel. "W. Stanley Jevons: Economic Revolutionary, Political utilitarian". *Journal of the History of Ideas* 40, no. 2 (1979): 267–283.

Persky, Joseph. 2016. *The Political Economy of Progress: John Stuart Mill and Modern Radicalism*. Oxford: Oxford university Press.

Petrella, Frank. "Adam Smith's Rejection of Hume's Price-specie-Flow Mechanism: A Minor Mystery Resolved". *Southern Economic Journal* (1968): 365–374.

Phillips, Almarin. "The Tableau Economique as a Simple Leontief Model". *The Quarterly Journal of Economics* 69, no. 1 (1955): 137–144.

Phillips, Doris G. "The Wages Fund in Historical Context". *Journal of Economic Issues* 1, no. 4 (1967): 321–334.

Phillipson, Nicholas. 2010. *Adam Smith: An Enlightened Life*. London: Penguin.

Pigou, arthur Cecil. "Mill and the Wages Fund". *The Economic Journal*

59, no. 234 (1949): 171–180.

Piketty, ftomas. 2013. *Le capital au XXIe siècle*. Paris:Leseuil.

Pocock, John Greville Agard. 1985. *Virtue, Commerce, and History: Essays on Political Thought and History, Chiefly in the Eighteenth Century*. Volume 2. Cambridge: Cambridge university Press.

Popper, Karl Raimund. 1945. *The Open Society and its Enemies, Volume Two: Hegel and Marx*. New York: Routledge Classics.

Prendergast, Frank. "The Down survey of Ireland". (1997), https://arrow.dit.ie/cgi/viewcontent.cgi?article=1003&context=dsisbk

Priestley, Margaret. "Anglo-French Trade and the UnfavourableBalance Controversy, 1660–1685". *The Economic History Review* 4, no. 1 (1951): 37–52.

Rashid, Salim. "Adam Smith and Neo-plagiarism: A Reply". *Journal of Libertarian Studies* 10, no. 2 (1992): 81–87.

Rashid, Salim. "Adam Smith's Rise to Fame: a Reexamination of the Evidence". *The Eighteenth Century* 23, no. 1 (1982): 64–85.

Rashid, Salim. "Mandeville's Fable: Laissez-faire or Libertinism?". *Eighteenth-Century Studies* 18, no. 3 (1985): 313–330.

Reeves, Richard. *John Stuart Mill: Victorian Firebrand*. Atlantic Books Ltd, 2015.

Reinhart, Carmen M., and Kenneth S. Rogoff. 2009. *This Time is Different: Eight Centuries of Financial Folly*. Princeton: Princeton university Press.

Riley, Jonathan. "Mill's Political Economy: Ricardian Science and Liberal Utilitarian Art". in J. skorupski, ed., *The Cambridge Companion to John Stuart Mill*. pp. 293–337. Cambridge: Cambridge University Press, 1998.

Robertson, Hector M., and William L. Taylor. "Adam Smith's Approach to the Theory of Value". *The Economic Journal* 67, no. 266 (1957): 181–198.

Robinson, Austin. "Reviewed Work: *Harriet Martineau* by John Cranstoun Nevill". *The Economic Journal* 54, no. 213 (1944): 116–120.

Robinson, Joan. "'The Falling Rate of Profit': A Comment". *Science & Society* (1959): 104–106.

Robinson, Joan. "The Model of an Expanding Economy". *The Economic Journal* 62, no. 245 (1952): 42–53.

Rosenberg, Nathan. "Mandeville and Laissez-faire". *Journal of the History of Ideas* 24, no. 2 (1963): 183–196.
Rothbard, murray Newton. 1995. *An Austrian Perspective on the Historyof Economic Thought*. Ludwig von Mises Institute.
Rothschild, Emma. "Adam Smith and Conservative Economics". *Economic History Review* 45, no. 1 (1992a): 74–96.
Rothschild, Emma. "Commerce and the State: Turgot, Condorcet and smith". *The Economic Journal* 102, no. 414 (1992b): 1197–1210.
Rothschild, Emma. "Adam Smith and the Invisible Hand." *The American Economic Review* 84, no. 2 (1994): 319–322.
Rothschild, Emma. "Social Security and Laissez Faire in Eighteenth-century Political Economy". *Population and Development Review* 21, no. 4 (1995): 711–744.
Rothschild, Emma. "Condorcet and the Conflict of values". *The Historical Journal* 39, no. 3 (1996): 677–701.
Rothschild, Emma. "'Axiom, Theorem, Corollary & c'.: Condorcet and Mathematical economics". *Social Choice and Welfare* 25, no. 2–3 (2005): 287–302.
Rousseas, Stephen. "Rosa Luxemburg and the Origins of Capitalist Catastrop Thefteory". *Journal of Post Keynesian Economics* 1, no. 4 (1979): 3–23.
Roy, Rama Dev. "Some aspects of the Economic Drain from India during the British Rule". *Social Scientist* 15, no. 3 (1987): 39–47.
Ryan, Alan. "Mill, John stuart (1806–73)" (2015). https://onlinelibrary.wiley.com/doi/full/10.1002/9781118474396.wbept0673
Ryan, Alan. 2016. *J. S. Mill (Routledge Revivals)*. Routledge.
Samuelson, Paul A. "Quesnay's 'Tableau Economique'as a Theorist would Formulate it Today". In *Classical and Marxian Political Economy*, pp. 45–78. london: Palgrave macmillan 1982.
Saunders, stewart. "Public Administration and the Library of Jean-Baptiste Colbert". *Libraries & Culture* 26, no. 2 (1991): 283–300.
Schabas, Margaret. "Alfred marshall, W. stanley Jevons, and the Mathematization of Economics". *Isis* 80 , no. 1 (1989): 60–73.
Schabas, Margaret, and Carl Wennerlind. "Retrospectives: Hume on Money, Commerce, and the Science of Economics". *Journal of Economic Perspectives* 25, no. 3 (2011): 217–230.
Schabas, Margaret. 2014. *A World Ruled by Number: William Stanley Jevons*

and the Rise of Mathematical Economics. Princeton: Princeton university Press.

Schabas, Margaret. "The 'Worldly Philosophy' of William Stanley Jevons". *Victorian Studies* 28, no. 1 (1984): 129–147.

Schonhardt-Bailey, Cheryl. *From the Corn Laws to Free Trade: Interests, Ideas, and Institutions in Historical Perspective*. MIT Press, 2006.

Schoorl, Evert. 2012. *Jean-Baptiste Say: Revolutionary, Entrepreneur, Economist*. london: Routledge.

Schumpeter, Joseph a. 1954. *History of Economic Analysis*. allen and unwin.

Schumacher, Reinhard. "Adam smith's Theory of Absolute advantage and the Use of Doxography in the History of Economics." *Erasmus Journal for Philosophy and Economics* 5, no. 2 (2012): 54–80.

Screpanti, Ernesto, and Stefano Zamagni. 2005. *An Outline of the History of Economic Thought*. Oxford university Press (printtoorder).

Sen, Amartya. "Poor, Relatively speaking". *Oxford Economic Papers* 35, no. 2 (1983): 153–169.

Slack, Paul. "Government and Information in Seventeenth-Century England". *Past & Present* 184 (2004a): 33–68.

Slack, Paul. "Measuring the National Wealth in Seventeenth-Century England". *The Economic History Review* 57, no. 4 (2004b):607–635.

Sowell, Thomas. "Malthus and the Utilitarians". *Canadian Journal of Economics and Political Science/Revue canadienne de economiques et science politique* 28, no. 2 (1962): 268–274.

Sowell, Thomas. "The General Glut Controversy Reconsidered." *Oxford Economic Papers* 15, no. 3 (1963): 193–203.

Sowell, Thomas. "Sismondi: A Neglected Pioneer." *History of Political Economy* 4, no. 1 (1972): 62–88.

Spengler, Joseph J. "ThePhysiocrats and say's Law of Markets. I". *Journal of Political Economy* 53, no. 3 (1945): 193–211.

Spengler, Joseph J. "Richard Cantillon: First of the moderns. I". *Journal of Political Economy* 62, no. 4 (1954): 281–295.

Spengler, Joseph J. "Richard Cantillon: First of the moderns. II." *Journal of Politi cal Economy* 62, no.5 (1954): 406–424.

Stack, David. "The Death of John Stuart Mill". *The Historical Journal* 54, no. 1 (2011): 167–190.

Stedman Jones, Gareth. 2005. *An End to Poverty?: A Historical Debate*. New

York: Columbia university Press.

Stedman Jones, Gareth. 2016. *Karl Marx*. Cambridge, MA: Harvard university Press.

Stedman Jones, Gareth. "National Bankruptcy and Social Revolution: European Observers on Britain, 1813–1844". in DonaldWinch and Patrick K. O'Brien eds., *The Political Economy of British Historical Experience 1688–1914*, pp. 61–92. oxford, 2002.

Stedman Jones, Gareth. "Saint-Simon and the Liberal Origins of the Socialist Critique of Political Economy". *La France et l'Angleterre au XIXe siècle. Échanges, représentations, comparaisons* (2006): 21–47.

Stewart, Ross E. "Sismondi's Forgotten Ethical Critique of Early Capitalism". *Journal of Business Ethics* 3, no. 3 (1984): 227–234.

Stigler, George J. "Alfred marshall's Lectures on Progress and Poverty". *The Journal of Law and Economics* 12, no. 1 (1969): 181–183.

Stigler, George Joseph. "Ricardo and the 93% Labor Theory of Value". *David Ricardo: Critical Assessments 2* (1991): 57.

Sweezy, Paul M. "Rosa Luxemburg's 'fte accumulation of Capital'". *Science & Society* (1967): 474–485.

Sweezy, Paul M. "Some Problems in the Theory of Capital Accumulation". *International Journal of Political Economy* 17, no. 2 (1987): 38–53.

Thornton, Mark. "Cantillon, Hume, and the Rise of Antimercantilism". *History of Political Economy* 39, no. 3 (2007a): 453–480.

Thornton, Mark. "Richard Cantillon and the Discovery of Opportunity Cost". *History of Political Economy* 39, no. 1 (2007b): 97–119.

Thweatt, William O. "Early formulators of say's law". *Quarterly Review of Economics and Business,* 19 (1979): 79–96.

Trigg, andrew B. "Where Does the money and Demand Come From? Rosa Luxemburg and the Marxian Reproduction schema". in *Rosa Luxemburg and the Critique of Political Economy*, pp. 50–68. london: Routledge, 2009.

Van, Annette. "Realism, Speculation, and the Gold Standard in Harriet martineau's Illustrations of Political Economy". *Victorian Literature and Culture* 34, no. 1 (2006): 115–129.

Vandenberg, Phyllis, and Abigail DeHart. 2013. "Hutcheson, Francis". *Internet Encyclopedia of Philosophy*, https://www.iep.utm.edu/hutcheso/

Viner, Jacob. "Adam Smith and Laissez Faire". *Journal of Political Economy* 35, no. 2 (1927): 198–232.

Viner, Jacob. "Marshall's Economics, in Relation to the man and to His Times". *The American Economic Review* 31, no. 2 (1941): 223–235.

Weatherall, David. 2012. *David Ricardo: A Biography.* springer science & Business Media.

West, E. G., and R. W. Hafer. "J. S. Mill, Unions, and the Wages Fund Recantation: A Reinterpretation". *John Stuart Mill: Critical Assessments* 3, no. 4 (1987): 146.

Wheen, Francis. 2001. *Karl Marx: A Life*. W. W. Norton.

Williams, Callum. "Famine: Adam Smith and Foucauldian Political Economy." *Scottish Journal of Political Economy* 62, no. 2 (2015): 171–190.

Williamson, Jeffrey G. "The Impact of the Corn Laws just Prior to Repeal". *Explorations in Economic History* 27, no. 2 (1990): 123–156.

Winch, Donald. Editor's Introduction to James mill, *Selected Economic Writings,* ed. Donald Winch (Edinburgh: Oliver Boyd for the scottish Economic society, 1966).

Winch, Donald. 2015. *Secret Concatenations: Mandeville to Malthus.* Rounded Globe.

Wolfe, Martin. "French Views on Wealth and Taxes from the Middle Ages to the Old Regime". *The Journal of Economic History* 26, no. 4 (1966): 466–483.

Wood, John Cunningham, and Steven Kates, eds. 2000. *Jean-Baptiste Say: Critical Assessments of Leading Economists*. vol. 5. London: Taylor & Francis.

Wrigley, Edward Anthony. 1987. *People, Cities and Wealth: The Transformation of Traditional Society.* Oxford: Basil Blackwell.